Gabi Langen / Thomas Deres

Müngersdorfer Stadion Köln

Emons

Diese Buch wurde gefördert von:

Kölner Außenwerbung GmbH

Kreissparkasse Köln

STADTSPARKASSE KÖLN

Die Deutsche Bibliothek - CIP-Einheitsaufnahme

Müngersdorfer Stadion Köln /
Gabi Langen/Thomas Deres. - Köln : Emons, 1998
ISBN 3-89705-126-5

© Hermann Josef Emons Verlag Köln
Alle Rechte vorbehalten
Satz & Layout: Lutz Scheer, DieVierfarben, Köln
Belichtung: DieVierfarben, Köln
Druck & Bindung: Kösel GmbH, Kempten/Allgäu
Printed in Germany 1998
ISBN 3-89705-126-5

6	**Einleitung**
10	**»Hier straffe sich der Muskel, hier weite sich der Blick…«** *Die Entstehungsgeschichte des Köln-Müngersdorfer Stadions*
36	**Die Stadionanlage 1923–1928 (Fotodokumentation)**
48	**»Hinaus in die Natur«** *Der Stadionbetrieb bis 1945*
64	**Der erste Stadiondirektor Christian Busch (Exkurs)**
68	**»Ich habe die Hoffnung, daß wir heute die Stadionfrage lösen…«** *Das Stadion als Thema kommunaler Sportpolitik nach 1945*
94	**Ein neues Stadion entsteht (Fotodokumentation)**
106	**Turner, Tore, Meisterschaften** *Die großen sportlichen Ereignisse im Stadion*
174	**Die Bewerbung um die Olympischen Spiele 1936 (Exkurs)**
182	**Unter freiem Himmel** *Das Stadion als Versammlungsstätte*
194	**Chronik**
208	**Bildnachweis**

Liebe Leserin, lieber Leser,

in einer Zeit, wo aus vielen Gründen über sportliche Großbauten intensiv geredet wird, ist es sinnvoll, sich der Geschichte der größten Kölner Sportanlage, dem Stadion in Müngersdorf zu widmen.

Deutschland bewirbt sich um die Ausrichtung der Fußball-Weltmeisterschaft im Jahre 2006. Und wir in Köln wollen mit dem Stadion dabei sein. Doch bis dahin ist noch ein weiter Weg zurückzulegen, sowohl international, um den Zuschlag für die deutsche Bewerbung zu erhalten, wie national – Köln ist ja nicht selbstverständlich im Kreise der Städte, wo Weltmeisterschaftsspiele ausgetragen werden.

Aber auch kommunal sind noch einige Hürden zu nehmen.

Denn unser Stadion, das zeigt diese treffliche Dokumentation, ist zwangsläufig vom Zahn der Zeit angenagt und braucht dringend eine Sanierung. So bewegen wir uns zwischen den Polen: Abriß oder Sanierung.

Gerade erst hat der Rat der Stadt Köln beschlossen, Teile des Stadionkomplexes, so auch die sog. Hauptkampfbahn, unter das Dach einer GmbH zu führen. Wir werden abwarten müssen, wie sich das bewährt.

Auf jeden Fall zeigt sich nicht nur an dieser Diskussion und an solchen Projekten und Entscheidungen: Vor 75 Jahren wurden mutige und kühne Entschlüsse zugunsten des Kölner Sports gefaßt, wollte man mit der Ausrichtung olympischer Spiele sogar nach den Sternen greifen. Eine solche Kühnheit wünschen wir dem Sport und allen dafür Verantwortlichen auch weiterhin.

Dem Stadion wünschen wir – bei seiner großen Vergangenheit selbstverständlich – natürlich Erfolg, großen Sport: Spitzen- wie Breitensport und weitere große sportliche Erlebnisse und Ereignisse – für die Aktiven wie die Zuschauer in Kölns auch weiterhin wichtigster Sportstätte.

Franz Irsfeld
Vorsitzender des Sportausschusses

Liebe Leserin, lieber Leser,

das Müngersdorfer Stadion feiert in diesem Jahr seinen 75. Geburtstag. Dieses Jubiläum ist der Anlaß, eine umfassende Chronik über die Entstehung und Entwicklung dieser Anlage vorzulegen. Dieses Buch halten Sie nun in Ihren Händen.

Das Müngersdorfer Stadion wurde 1923 nach einer 4jährigen Planungs- und Bauzeit der Öffentlichkeit übergeben. Mit den Jahrzehnten wurde die Anlage größer. Erstreckte sie sich im Jahr 1923 noch auf 55 ha, so wuchs sie im Lauf der Jahrzehnte immer weiter und umfaßt heute, alle Sportstätten und -anlagen eingerechnet, rund 200 ha.

In diesen 75 Jahren haben Tausende von Sportlern hier ihre Wettkämpfe und Spiele ausgetragen und viele Millionen Besucher den Weg in die Einrichtungen und Wettkampfstätten des Müngersdorfer Stadions gefunden. Die Bandbreite der Sportarten ist groß. Der Bogen spannt sich vom traditionellen Fußball über Boxen bis zu Rad- und Pferdesport. Für jeden, der sich für Sport interessiert, war und ist das Müngersdorfer Stadion eine hervorragende Adresse. Die vorliegende Chronik wird Ihnen eine Stätte der Begegnungen nahebringen, die in ihrer langen Geschichte vielen Größen aus Sport und Showbusineß Gastfreundschaft bot und die sowohl sportlich als auch kulturell Spiegel des Zeitgeistes war.

Auf Ihrem Weg durch die 75 Jahre Müngersdorfer Stadiongeschichte wünsche ich Ihnen viel Vergnügen.

Andreas Henseler
Beigeordneter für Schule, Weiterbildung und Sport

Einleitung

»Sportstadt Köln« oder »Sportmetropole der Bundesrepublik« sind in Köln gern gewählte Prädikate, um die Bedeutung der Stadt im sportlichen Bereich hervorzuheben. Wesentlichen Anteil hieran hat das Stadion in Köln-Müngersdorf, das in seiner 75jährigen Geschichte Austragungsort nationaler und internationaler Sportwettkämpfe war. Das Deutsche Turnfest 1928, die Länderspiele der Deutschen Fußball-Nationalmannschaft gegen berühmte Gegner aus der ganzen Welt, die Leichtathletik-Sportfeste des ASV-Köln mit hochkarätigem Starterfeld und die Spiele des 1. FC Köln haben das Müngersdorfer Stadion weit über Deutschland hinaus bekannt gemacht.

Doch mit »Stadion« ist mehr gemeint als die gängige Definition besagt, die ausschließlich eine Kampfbahn für Leichtathletikwettkämpfe und Fußballspiele meint. Die Stadionanlage, die bei ihrer Eröffnung nördlich von der Aachener Straße, westlich von der Gemarkung Junkersdorf, dem heutigen Carl-Diem-Weg, südlich vom Junkersdorfer Weg und östlich vom Stadtwald begrenzt war, beherbergt auf einer Fläche von rund 80 Hektar zahlreiche Sportstätten für den Breiten- und Spitzensport. Schon 1926 mußte das Gelände um die Sportplätze auf der Jahnwiese erweitert werden. Seit Mitte der 50er Jahre kam nördlich der Aachener Straße das »Stadion-Nordfeld« und das Reitstadion – das ursprünglich auf der heutigen ASV-Anlage gelegen war – hinzu und erhöhte die Fläche auf ca. 120 Hektar. Nicht zuletzt werden die vielen Sportanlagen für Hobbyfußballer, Jogger, Frisbee-, Hockey- oder Tennisspieler rege genutzt und unterstreichen die Bedeutung des Müngersdorfer Stadions für die Kölner. Auch das Vergnügungsangebot, das von vielen im Schwimmstadion wahrgenommen wird, ist in Köln gleichsam »identitätsstiftend«, was im Song »Müngersdorfer-Stadion« von »De Plaat« Jürgen Zeltinger zum Ausdruck kommt. Die sehr guten Trainingsmöglichkeiten trugen dazu bei, daß bei der Entscheidung über die Ansiedlung der Deutschen Sporthochschule die Wahl auf Köln fiel. In deren Folge haben auch andere sportwissenschaftliche Einrichtungen wie das Bundesinstitut für Sportwissenschaften und die Trainerakademie hier ihre Heimat gefunden.

Das 1923 eröffnete Stadion war ein »Kind der Not«, denn auf Initiative von Oberbürgermeister Konrad Adenauer sollten mehrere Tausend Erwerbslose mit Notstandsarbeiten diese große Sportanlage schaffen. Die Entstehungsgeschichte des als »gestaltete Natur« im äußeren Grüngürtel der Stadt gelegenen Stadions, das nach den Worten von Carl Diem das »Mutterrecht« der Stadien in Deutschland überhaupt besitzt, ist auch eine Darstellung gesellschaftspolitischer Entscheidungen.

Trotz der Anerkennung des Sports als Allgemeingut im Sinne der Gesundheits- und Wohlfahrtspflege stand das Stadion immer wieder im Mittelpunkt politischer Kritik, insbesondere wegen der immensen Zuschüsse, die die Stadt zu leisten hatte. Die Stadiongegner kritisierten, daß mit diesem städtischen Prestigeobjekt fast ausschließlich der Berufs- und Spitzensport gefördert würde. In den ersten 20 Jahren wurden vielfältige Wege beschritten, um die Auslastung der Anlage zu gewährleisten. Gute Organisation und geschickte Verwaltung unter dem umtriebigen ersten Stadiondirektor Christian Busch begründeten das nationale und internationale Renommee des Stadions.

Nach den Zerstörungen des Zweiten Weltkriegs leistete man zunächst Basisarbeit, doch bald stand der am Breitensport orientierten Politik die Einsicht in die Notwendigkeit einer zeitgemäßen Sportarena gegenüber. Dabei beschäftigte die Sportpolitiker der Stadt immer wieder die Frage, ob die Leistungsfähigkeit des Stadions den Vergleich zu konkurrierenden Austragungsorten standhält und den von seiten der Aktiven, der Zuschauer, der Medien und den beteiligten Sportverbänden gestellten Anforderungen entspricht – und vor allem, ob die aufgewendeten finanziellen Mittel zu rechtfertigen sind. Die Kölner beantworteten sie 1975 mit dem Neubau der Hauptkampfbahn.

Die reich bebilderte Dokumentation der sportlichen Großereignisse reicht vom ersten Spiel um die Deutsche Handballmeisterschaft in der Hauptkampfbahn im Jahr 1923 bis zum Abstieg des 1. FC Köln im Jahr 1998. Neben den sportlichen Ereignissen gab es eine Reihe von kulturellen Veranstaltungen im Müngersdorfer Stadion – vom katholischen Kirchentag bis zu den Open-Air-Konzerten der Rolling Stones.

Diese Darstellung des Kölner Stadions ist ein Beitrag zur Sport- und Stadtgeschichte. Sie richtet den Blick auf die kommunale Sportpolitik als ein originäres, spät entdecktes Feld städtischer Leistungsverwaltung, die auch – wie das Spektrum der hochkarätigen Veranstaltungen zeigt – zum »Ruhm der Stadt« beitragen kann.

Die spannende Frage, ob die momentanen Anregungen der Sportverwaltung, durch den Einbau von Variositzen einen Standard der Stadionarena zu erhalten, der den Vergleich mit anderen Stadien bestehen kann und weiterhin die Gewähr für sportliche Großveranstaltungen bieten wird, muß die Zukunft beantworten. Es bleibt abzuwarten, ob die schon ergriffenen oder geplanten Maßnahmen zur Modernisierung des Müngersdorfer Stadions u. a. mit einer neuen Beschallungsanlage, einem Videomatrix-System und Logen ausreichen, wenn durch die Stadion-Neubauten in Leverkusen, Gelsenkirchen, Dortmund oder den vom FC Bayern München anvisierten Bau eines »Erlebnis-Stadions« mit Kino, Hotel und beweglichem Dach, eine neue Runde eingeläutet wird und das multifunktionale Kölner Stadion der 70er Jahre sich gegen die reinen Fußballarenen behaupten muß. Dies wird spätestens bei einer positiven Entscheidung über die Vergabe der Fußballweltmeisterschaft im Jahre 2006 nach Deutschland der Fall sein.

Die vorliegende Geschichte des Müngersdorfer Stadions war von der Unterstützung vieler Einzelpersonen und Institutionen abhängig. Der Sportdezernent der Stadt Köln, Andreas Henseler, und der Leiter des Kölner Sportamtes, Dieter Sanden, waren sofort bereit, zum Gelingen des Projekts beizutragen. Hilfe bekamen wir auch von Dr. Barbara Hammerer vom Sportamt und Norbert Hoffmann, der aus seiner Arbeit als Leiter des Stadionbetriebes Material beigetragen hat. Brigitte Holzhauser und Dr. Eberhard Illner vom Historischen Archiv der Stadt Köln, Astrid Sürth vom NS-Dokumentationszentrum der Stadt Köln, Walter Borgers vom Carl und Liselott Diem-Archiv sowie Jörg Weck vom Deutschen Sportmuseum gaben uns wichtige Hinweise und halfen, einige Klippen bei den Nachforschungen zu umschiffen. Die Kölner Außenwerbung GmbH, die Kölnische Rundschau, die Kreissparkasse Köln, Brau und Brunnen sowie die Stadtsparkasse Köln haben das Projekt großzügig gefördert. Ihnen allen gilt unser Dank.

Gabi Langen   *Thomas Deres*

»Hier straffe sich der Muskel, hier weite sich der Blick ...«

Die Entstehungsgeschichte des Köln-Müngersdorfer Stadions

Olympia!

Mit der Wiederbegründung der Olympischen Spiele 1896 durch Pierre de Coubertin entwickelte sich im 20. Jahrhundert eine neue Bauform: Das Stadion. Man ließ sich von antiken Anlagen inspirieren und gestaltete die zentralen Wettkampfstätten in Anlehnung an antike Vorbilder. Griechischen Ursprungs ist auch die Bezeichnung »Stadion«. Ein Stadion war in der Antike das Fußmaß, das die Länge einer Laufstrecke kennzeichnete. Auch der Lauf und die Kampfbahn als solche wurden als »Stadion« bezeichnet.

Schneller – höher – weiter?

Die im Zusammenhang mit den olympischen Spielen errichteten Wettkampfstätten wurden richtungsweisend für die bauliche Zentralisierung des Sports in den 20er Jahren. Die Großstädte London, Stockholm und Berlin hatten daher die ersten europäischen Großstadien vorzuweisen.[1] Angesichts der neu erwachten Sportbegeisterung verwundert es nicht, daß größere Städte versuchten, ihnen im Stadionbau nachzueifern. Die Sportfunktionäre warnten allerdings vor einer vorschnellen und einseitigen Planung von Seiten der Städte, denn eine Stadt sollte »ehe sie zum Bau von Großanlagen schreitet, darum besorgt sein, daß vorerst genügend Turn-, Spiel- und Sportanlagen kleineren Umfangs für Schulen und die Vereine vorhanden sind. Ehe eine Stadt eine große Geldsumme zum Zwecke eines Stadionbaus festlegt, möchte sie jene Aufgabe restlos erfüllt haben.«[2] Diese Vorgaben konnte die Stadt Köln zum Zeitpunkt ihrer Stadionplanung noch nicht aufweisen, wenn auch im Zuge der weiteren Stadtplanungen zahlreiche Sportplätze und Spielflächen innerhalb des Kölner Grüngürtels vorgesehen waren. Die beiden größten städtischen Sportplätze waren die Bezirkssportanlage auf den Poller Wiesen und der bereits 1892 eingerichtete Spielplatz am Aachener Tor.

Luftansicht der antiken Sportanlage in Delphi. Aufgrund der felsigen Umgebung wurden die Tribünen des Stadions in das Gestein gehauen.

Olympiastadion von Athen, 1896. Das aus Anlaß der ersten Olympischen Spiele der Neuzeit errichtete Stadion in Athen entsprach seinem antiken Vorläufer und entstand an gleicher Stelle.

Eine der ersten großen Sportanlagen in Köln waren die Sportplätze auf den Poller Wiesen. Mehrere Tennisplätze, Spielfelder, Laufbahnen und ein Rheinbad entstanden um 1911.

Laufwettbewerbe bei den Vaterländischen Festspielen auf den Poller Wiesen 1920.

Sport als gesellschaftliches Phänomen? – Keine moderne Erfindung!

Zu Beginn des 20. Jahrhunderts rückte der Sport immer mehr in den Mittelpunkt des öffentlichen Interesses. Folgerichtig reagierten auch die kommunalen Verantwortungsträger auf dieses gesellschaftliche Phänomen. Einerseits war der positive Einfluß sportlicher Betätigung auf Gesundheit und Wohlbefinden inzwischen allerorts anerkannt, andererseits war Körperertüchtigung vor allem in der Zeit nach dem Ersten Weltkrieg ein Instrument zur »Wiedererstarkung der Nation«. Nicht zuletzt entwickelte der Sport aber auch aus sich selbst heraus eine Eigendynamik, wobei das Leitbild des sportlich-dynamischen, leistungsfähigen Menschen im engen Zusammenhang mit den Modernisierungs- und Industrialisierungsprozessen der 2. Hälfte des 19. Jahrhunderts stand. Die Sportbegeisterung der Massen zeigte sich nicht nur durch die rapide Zunahme an Vereinsmitgliedschaften, sondern auch die Zuschauerzahlen bei Fußballspielen, Boxveranstaltungen oder Radrennen überstiegen vielfach das heutige Maß.

ADENAUER UND DER SPORT

Auch wenn die ursprüngliche Idee zum Bau des riesigen Stadionkomplexes in Köln nicht allein auf Konrad Adenauer zurückzuführen ist, so blieb die Anlage doch immer mit seiner Person verbunden. Bei der Suche nach einer geeigneten Bezeichnung wurde 1923 der Name »Adenau« und selbst nach dem Neubau der Hauptkampfbahn 1975 »Adenauer Stadion« vorgeschlagen. In fast allen Faltblättern, Broschüren und Aufsätzen zum Köln-Müngersdorfer Stadion und seiner Entstehung wird der damalige Oberbürgermeister Konrad Adenauer mitsamt seinen fortschrittlichen Ideen einer naturnahen Lebensgestaltung des Großstadtmenschen hervorgehoben. Seine gesundheits- und wirtschaftspolitischen Bestrebungen werden so in den Vordergrund gerückt. Einerseits sollte das Stadion eine Erholungsstätte im Sinne der Wohlfahrtspflege sein, wo durch das Angebot von Turnen, Spiel und Sport für die gesamte Bevölkerung die »Stärkung der Nation« betrieben werde, was wiederum zu Ersparnissen in der Gesundheitsfürsorge führen sollte. Andererseits versprach man sich einen immensen Werbeeffekt durch die Errichtung eines derartigen Prestigeobjekts. Die geplanten Sportveranstaltungen würden hunderttausende von Besuchern nach Köln locken, die der Hotel- und Gastronomiebranche hohe Einnahmen in Aussicht stellten. Die nationale und internationale Presse würde in alle Welt berichten. Aber auch kleinere Veranstaltungen sollten das Wirtschaftsleben der Stadt in Schwung bringen.

Konrad Adenauer inmitten seiner Vereinskollegen vom Tennisclub »Pudelnaß«, um 1920.

Adenauers persönliche Verbindungen zum Sport waren vielseitig, wenn auch nicht vordergründig. Einschätzungen in seinen Biographien lauten etwa dahingehend: »Der Sport hatte für ihn sicherlich keinen Selbstwert. Vielmehr wird er die sportliche Betätigung und die ihr dienenden Anlagen im Zusammenhang mit seiner Garten- und Grüngürtelpolitik verstanden haben: als Grundlage einer menschenwürdigen Lebensgestaltung der Stadtbevölkerung, als Möglichkeit zur Schaffung von stadtnahen Erholungräumen.«[3] Diese Aussage ist sicherlich nicht falsch, dennoch verengt sie die sportlichen Ambitionen Adenauers sehr stark.

Pudelnaß?

Adenauer selbst war als junger Mann Mitglied im Tennisclub »Pudelnaß«, und seine Leidenschaft für entspannendes Bocciaspiel und ausgiebige Wanderungen sind ebenfalls bekannt.[4] Einem Kreise von Journalisten erklärte er in den 60er Jahren: »Es (das Bocciaspiel) verlangt ein gutes Auge, eine sichere Hand, man muß sich oft bücken, muß viel hin und her gehen. Der ganze Körper bleibt in Bewegung.«[5] Adenauer soll sogar einige Zeit Privatunterricht in Gymnastik beim Universitätssportlehrer Wilpütz genommen haben. Wilpütz unterrichtete auch die Kinder Adenauers in Turnen und Sport.[6] Der positive Einfluß der Leibesübungen auf Gesundheit und Wohlbefinden waren für Adenauer die wichtigsten Motive seiner persönlichen Einstellung gegenüber dem Sport.

Während seiner Amtszeit erhielt er in zahlreichen Vereinen und Verbänden die Ehrenmitgliedschaft, wie zum Beispiel im Zweckverband für Leibesübungen Groß-Köln, im Reichsverband Deutsche Jugendkraft, im Kölner Turngau und im Westdeutschen Spielverband. Er war persönliches Kuratoriumsmitglied der Deutschen Hochschule für Leibesübungen in Berlin sowie des Vereins zur Förderung des Museums für Leibesübungen. Nicht zuletzt war er Vorstandsmitglied im Deutschen Reichsausschuß für Leibesübungen (DRA), der 1917 die Nachfolge des Deutschen Reichsausschusses für Olympische Spiele antrat und als Dachverband der meisten Turn- und Sportorganisationen die Fäden in der Hand hielt. Sicherlich spielte Adenauer in der Sportpolitik keine überragende Rolle. Seine Einflußnahme beim Wiedereintritt der Deutschen Turnerschaft in den Deutschen Reichsausschuß für Leibesübungen und sein Engagement für die großen Veranstaltungen lassen jedoch vermuten, daß er den Sport nicht nur für seine Wohlfahrts- und Wirtschaftspolitik instrumentalisierte. Er gehörte vielmehr zu denjenigen, die Ideen und Forderungen von Seiten der Sportfunktionäre bereitwillig aufnahmen und konsequent umsetzten. Die Wiederbelebung des nationalen, deutschen Geistes und das Erstarken des Vaterlandes waren in den Nachkriegsjahren und der Weimarer Zeit gleichermaßen Anliegen von Sportlern und Politikern.

ADENAUERS GRÜNGÜRTELPOLITIK

Als Adenauer 1917 Kölner Oberbürgermeister wurde, trug er sich mit dem Gedanken, die noch unbebauten Flächen des Inneren Rayons für die Erholung und Entspannung der so eng zusammenlebenden Großstadtbevölkerung freizuhalten. Am vorliegenden Bebauungsplan, der noch vor dem Ersten Weltkrieg vom Beigeordneten Karl Rehorst erstellt worden war und der diese Idee grundsätzlich auch verfolgte, bemängelte Adenauer allerdings, daß er unsozial sei, da er fast ausschließlich Villenbebauung ohne zusammenhängende Grünflächen vorsah. Nach dem Krieg wurde von Prof. Dr. Schuhmacher ein neuer Bebauungsplan vorgelegt, der Adenauers Vorstellungen entsprach. 50% der privaten Grundstücke mußten dafür enteignet werden. Die Grundstücksverluste sollten mit der Genehmigung einer zwei- bis viergeschossigen Bebauung an anderer Stelle wieder aufgefangen werden. Neben den 100 Hektar umfassenden Grünanlagen mit Spielflächen, Fußballfeldern, Tennisplätzen und Spazierwegen sollten Wohnungen für den Mittelstand und den besseren Arbeiterstand entstehen. Die Stadtverordneten stimmten diesem Projekt zu.

Festung ade!

Mit dem Ende des Ersten Weltkrieges ergab sich für Köln eine weitere Möglichkeit zur Schaffung von Erholungs- und Entspannungsräumen, denn durch den Friedensvertrag mußte sich Deutschland zur Schleifung aller Festungen verpflichten. Damit wurde der äußere Festungsrayon von Köln entlang der Militärringstraße von der bisherigen Bebauungssperre befreit. Die Stadtverordnetenversammlung sprach sich am 3. Dezember 1918 in einer außerordentlichen Sitzung dafür aus, auch den gesamten äußeren Rayon zu enteignen und zu einem Kleinwohngebiet mit entsprechenden Grünflächenanlagen zu erklären. Das Rayongesetz vom 27. April 1920 gab der Stadt das Recht, das bei Kriegsende den Rayonbeschränkungen unterliegende Gebiet nach dem Grundstückswert von 1914 zu enteignen. Hiergegen widersetzten sich zunächst die Grundstücksbesitzer und Landwirte mit dem schlagkräftigen Argument, daß sich mit dem Wegfall des Gebietes für die landwirtschaftliche Nutzung die Ernährungslage der Stadt noch verschlechtern würde. Erst nach langwierigen Verhandlungen mit dem Müngersdorfer Bauernverein konnten die Voraussetzungen für die stadteigene Nutzung nach den Vorstellungen Adenauers geschaffen werden. Damit standen riesige Grünflächen zur Verfügung, deren Bebauung und Nutzung auf neue Ideen warteten.[7]

Portrait Konrad Adenauers im Festbuch der 4. Großen Rheinischen Sportwoche, Köln 1931. In zahlreichen Programmen und Festschriften würdigte man das Engagement des Oberbürgermeisters auf sportlichem Gebiet.

DAS REICHSSPIELPLATZGESETZ

Unmittelbar nach dem Krieg überreichte der Deutsche Reichsausschuß für Leibesübungen der Weimarer Nationalversammlung eine Denkschrift mit sieben Forderungen zum Thema Leibesübungen, Spiel und Sport. Der erste Punkt betraf den Bau von Übungsstätten, Spiel- und Sportplätzen. Entworfen wurde er in Anlehnung an das geplante »Reichsspielplatzgesetz«, wodurch das Reich, die Länder und die Gemeinden gesetzlich zum Bau von Spiel- und Sportplätzen verpflichtet werden sollten. Dabei wurden 3 qm Fläche auf jeden Einwohner als Richtwert festgelegt. Es kam zwar zu keiner Verabschiedung dieses Gesetzes, aber die Zahl von 3 qm wurde doch zum angestrebten Maßstab der Kommunen.[8] Nach Fertigstellung der Stadionanlagen konnte Köln als eine der ersten Städte im Deutschen Reich sogar mehr als die geforderten 3 qm pro Kopf vorweisen.

Gezielte Kampfansage an die Tuberkulose, an den Alkohol und ...

Maßgeblichen Anteil an der Idee zum Reichsspielplatzgesetz hatte der Generalsekretär des DRA, Carl Diem. Noch 1926 appellierte er an die Städte, in der Spielplatzfrage nicht weiter untätig zu bleiben. Grund dafür war eine Denkschrift des Reichsinnenministeriums, die ein »erschütterndes Bild von der Entwicklung des Gesundheitszustandes des Deutschen Volkes« wiedergab. Das Fazit war, daß die Fürsorge des Reiches und der Länder, die bis dahin fast nur auf die Pflege der Kranken gerichtet war, nun angesichts der wachsenden Mangelerscheinungen versagen würde. »Wohl aber sind die Städte und Gemeinden in der Lage, ihren Bürgern den einzigen Weg, der hinaus ins Freie führt, zu zeigen: es ist der Weg auf den Spiel- und Sportplatz! ... Der Spielplatz lockt die Jugend nicht nur in Luft und Sonne, und macht ihr so die schlimmsten Feinde der Tuberkulose zum Verbündeten, sondern er zieht sie auch fort vom Kneiptisch, an dem Alkoholismus und Geschlechtskrankheiten fast immer ihren Ursprung haben.«[9] Hier wird deutlich, inwieweit die Bestrebungen Adenauers nach einer naturnahen Lebensgestaltung im Sinne der Gesundheitsfürsorge mit den Zielen der Sportfunktionäre übereinstimmten.

... die Gründung entsprechender Institutionen

Eine weitere Forderung der genannten Denkschrift zum Reichsspielplatzgesetz bezog sich auf die »Einrichtung und Ausbau der staatlichen Ämter für Leibesübungen und Sport.« Auch diesem Anliegen kam die Stadt Köln noch im gleichen Jahr nach. Am 13. September 1919 wurde die Abteilung für Turnen, Sport und Spiel bei der Kölner Stadtverwaltung eingerichtet.

Carl Diem (1882–1962) war der bedeutendste Organisator und Theoretiker des Sports der 20er Jahre. Als Generalsekretär des Deutschen Reichsausschusses für Leibesübungen und der Organisationskomitees der Olympischen Spiele 1916 und 1936 gestaltete er wie kein anderer das sportliche Geschehen im Deutschen Reich. 1947 wurde er Rektor der Deutschen Sporthochschule in Köln. Die Benennung des »Carl-Diem-Wegs« in der Nähe des Stadions sorgte wegen Diems zweifelhafter Rolle in der Zeit des Nationalsozialismus immer wieder für Diskussionen.

Dr. Heinrich Billstein (1882–1956) wurde 1923 Sportdezernent und war verantwortlich für den Stadionbetrieb sowie für alle folgenden Großveranstaltungen, die zum Teil erstmals unter städtischer Leitung durchgeführt wurden.

Gartenbaudirektor Fritz Encke (1861–1931) kam 1903 nach seiner Ausbildung in der Gärtnerlehranstalt in Potsdam und Ernennung zum königlichen Gartendirektor nach Köln. Während seiner Amtszeit übernahm er 1908 den Vorsitz der Deutschen Gesellschaft für Gartenkunst. Nach seiner Pensionierung 1926 verließ er Köln und siedelte in seine hessische Heimat über.

Zu den vorrangigen Aufgaben dieser Dienststelle gehörte: »Überwachung der Arbeiten bei Herrichtung neuer Spielplätze, Überweisung und Verteilung der bestehenden Sport- und Spielplätze, der Turn- und Schwimmhallen, sobald sie städtisch sind, an die Vereine, Aufsicht über die städtischen Spielplätze und die dort befindlichen Turngeräte, Ergänzung der notwendig werdenden Einrichtungen«.[10] Mit der Umbenennung und offiziellen Einrichtung der Abteilung in das »Amt für Jugendpflege und Leibesübungen« wurde der Sport in der Kommunalverwaltung verankert. Erster Dezernent der städtischen Dienststelle war Dr. Max Albermann, ab 1923 Dr. Heinrich Billstein.

Direkter Verhandlungspartner des Stadtamtes für Leibesübungen war der ebenfalls 1919 gegründete »Zweckverband für Leibesübungen Groß-Köln«. Als Dachverband aller Kölner Sportvereine vertrat er deren Interessen bei der Beantragung von Zuschüssen und der Vergabe von Sportstätten. In einem Schreiben an Oberbürgermeister Adenauer wies der Vorsitzende des Zweckverbandes, Hans Maehler, mit Nachdruck darauf hin, daß »nachdem aus unseren Reihen der Ruf zur Errichtung einer grossen Kampfbahn ergangen ist«, der Zweckverband ein großes Interesse an der Mitgestaltung und Organisation des zukünftigen Stadionbetriebs habe.[11] In der Person Konrad Adenauers fanden die Sportfunktionäre einen ihrer großen Förderer.

DAS STADION ALS »GESTALTETE NATUR«

Nach dem Ersten Weltkrieg entstanden in zahlreichen deutschen Städten Stadionanlagen. Keine hatte jedoch die immensen Ausmaße des Kölner Stadionkomplexes. Als Leiter der Entwurfsabteilung der städtischen Gartendirektion wurde Theo Nußbaum von Gartendirektor Fritz Encke beauftragt, die Pläne für den Bau eines ca. 50 ha großen Sportparks mit zentraler Hauptkampfbahn aufzustellen. Encke war 1903 nach seiner Ernennung zum Königlichen Gartendirektor in Potsdam nach Köln gekommen und ist von 1908–1913 Vorsitzender der Deutschen Gesellschaft für Gartenkunst gewesen. Adenauers Grüngürtelpläne waren ihm bestens vertraut, und er begleitete deren Umsetzung bis zu seinem Weggang 1926. Man fragt sich unwillkürlich, warum denn die Gartendirektion mit der Planung der Stadionanlage beauftragt wurde. Dies liegt in der »Philosophie« des deutschen Sportstättenbaus begründet: Im Freien ausgeübter Sport ist seinem Wesen nach zwangsläufig mit der Natur verbunden. Feld, Wald und Wiese boten natürliche Laufbahnen

Das 1913 fertiggestellte »Deutsche Stadion« in Berlin Grunewald lag auf dem Gelände des Berliner Rennvereins. Durch seine Einbettung in eine Talmulde waren keine größeren Erdarbeiten notwendig.

Der »Kaiserpavillon« für die Ehrengäste im »Deutschen Stadion« wurde nach antikem Vorbild gestaltet.

und Spielflächen. Man glättete und ebnete die Flächen, »damit ein jeder beim Vergleich der Kräfte gleiche Bedingungen habe.« Bald jedoch genügten diese Provisorien nicht mehr. »Man begnügte sich nicht, nur zu spielen und den Körper zu üben, man wollte für die frohe Seele auch eine schöne Umgebung haben: sei es daß man … das Spielfeld einem Parke einverleibte. So entstand aus dem reinen Nutzplatz ein Kunstwerk, und je mehr ein Volk in seine Leibesübung adlige Gesinnung trägt, um so mehr strebt es nach schöner und wohlgestalteter Übungsstätte.«[12] Der Sportplatz als Teil gestalteter Natur wurde somit zum Gartenkunstwerk und nicht zum kolossalen Bauwerk. Steinerne Hochbauten, deren einzige Funktion in der Unterbringung gewaltiger Zuschauermassen bestand, wurden als unromantisch und zweckentfremdend abgelehnt, denn ein Stadion sollte in erster Linie »von den Bedürfnissen der Körperausbildung an sich gestaltet sein«.[13]

Eifrige Suche nach geeigneten Vorbildern für den Stadionbau

Diese Ansprüche stellten die Gartendirektion

vor eine besondere Aufgabe. Bei der Suche nach vergleichbaren Sportanlagen in anderen Städten mußte Theo Nußbaum feststellen, daß »im ganzen deutschen Vaterlande keine grösseren Anlagen vorhanden waren, die als Vorbild hätten dienen können.«[14] Das alte 1913 eingeweihte »Deutsche Stadion« im Berliner Grunewald war ein mit privaten Mitteln finanzierter Bau und für die Ausrichtung der Olympischen Spiele 1916 vorgesehen, die aber wegen des Ersten Weltkrieges nicht stattfinden konnten. Der durch die Planung von Pferderennbahnen bekannt gewordene Architekt Otto March hatte sich in seinen Grundmaßen das Londoner Olympiastadion zum Vorbild genommen, das als »kolossales Amphitheater in moderner, nüchterner Ausführung« kritisiert wurde. Statt Marmor und Triumphbögen der griechischen Vorläufer gab es nun Eisenbeton und Zement in diesem 1908 eingeweihten Londoner Bauwerk. In Berlin verzichtete man dagegen nicht auf antike Elemente, wie z. B. die Säulenhallen und der Kaiserpavillon als Ehrenloge für Staatsgäste und Prominente, der an einen griechischen Tempel erinnerte. Ansonsten vereinigten sich innerhalb der Arena mehrere Anlagen: die 300 m lange und 120 m breite Rasenfläche umgab eine Aschenbahn, um die Laufbahn wiederum führte ein 666 m lange Radrennbahn und gegenüber der Haupttribüne lag ein 100 m langes Schwimmbassin. Die Stadien in London und Berlin waren in Anlehnung an antike Bauten entworfen worden, aber es fehlte ihnen ein wesentliches Moment, um Vorbilder für das Kölner Projekt werden zu können: Sie erfüllten beide nicht die Bedingungen, die an eine als »gestaltete Natur« verstandene Stadionanlage gestellt wurden.

Erste zu überwindende Hürden

Da außerdem Baustoffe und Geldmittel für eine vergleichbar große Anlage in Köln nicht zur Verfügung standen, mußte man aus der Not eine Tugend machen: »Wir waren damals gezwungen, ohne praktische Erfahrungen Mittel und Wege zu suchen, eine baukünstlerisch befriedigende Anlage ohne reiche architektonische Ausstattung im Rahmen beschränkter Mittel zu schaffen.« Ehe aber mit der eigentlichen Planung begonnen wurde, mußten die beteiligten Sportverbände zu Rate gezogen werden. Die Verhandlungen waren nicht einfach. Theo Nußbaum erinnerte sich an »schier endlos erscheinende Verhandlungen und Besprechungen mit den Vertretern der verschiedenen Sportarten. Es schalteten sich besonders ein die Herrn Mähler und Johannes Sampels für den Zweckverband für Leibesübungen, Jakob Zündorf für die Fußballer, Barthel Gödde für die Turnerschaft, Stevens für die Radfahrer … und nicht zuletzt auch das Amt für Jugendpflege und Leibesübungen unter dem damaligen Direktor Hoffmann.« Dies zeigt aber auch, inwieweit die sportfachlichen Belange von Seiten der Stadt ernstgenommen wurden. Man war redlich bemüht, allen Wünschen gerecht zu werden, weil die fach- und sportartengemäße Ausstattung auf neuestem Stand Voraussetzung war für die Durchführung von Spitzenveranstaltungen. Rat von übergeordneter Stelle suchte Nußbaum bei Carl Diem, der als Fachmann für die in- und ausländische Sportszene auch in Fragen des Sportstättenbaus bewandert war und der daraufhin »der Stadtverwaltung in allen wichtigen den Stadionbau betreffenden Fragen uneigennützig zur Seite stand.«

DIE VERHANDLUNGEN DER STADTVERORDNETEN

Die Fürsorge der Erwerbslosen war in der Weimarer Republik ein vorrangiges, kommunales Problem. Zuschüsse des Reichsarbeitsministeriums an die Gemeinden sollten geeignete Maßnahmen finanzieren und somit die Kosten für die Arbeitslosenunterstützung verringern. Diese sogenannten Notstandsarbeiten konnten allerdings aufgrund fehlender Fachkräfte und Baustoffe nur in begrenztem Maße eingesetzt werden. In der Stadtverordnetenversammlung vom 2. Juni 1921 stellte Adenauer geeignete Möglichkeiten für die anstehenden Notstandsarbeiten vor, u. a. die Anlage eines Sportplatzes an der Aachener Straße. Nach seinen Worten war das Projekt im Vorfeld bei den Stadtverordneten und den Landwirten auf großen Widerstand gestoßen, da vor allem die Bauern gegen die erforderlichen Gebietsenteignungen Einspruch erhoben. Für Adenauer hatte die Schaffung von Arbeitsplätzen oberste Priorität. Er wies darauf hin, daß die notwendigen Erdarbeiten für den Stadionbetrieb 15 000 Erwerbslosen auf lange Sicht Arbeit bieten würden. Dieses Argument sollte letztendlich den Ausschlag für die Bewilligung der Stadionanlage geben. Zunächst jedoch wurde die Vorlage vertagt. [15]

Nach langen, zähen Verhandlung ...

Auch auf den folgenden Sitzungen konnte keine Einigung erzielt werden, da unterschiedliche Prioritäten gesetzt wurden. Kritik wurde zum Teil sogar aus den eigenen Reihen laut: Zentrumsvertreter Johannes Rings stellte die Frage, »ob man richtiger tut, im Interesse des Sports eine größere Zahl an Plätzen zu schaffen rund um Köln herum, links- und rechtsrheinisch, oder ob man ein großes Stadion baut.« Für die Kommunisten war vor allem der Bau von Arbeiterwohnungen vorrangig. Sie hielten es für wichtiger, zunächst die schlechten Lebensbedingungen der Bevölkerung zu beheben. »Wir müssen bedenken, daß die Arbeiterschaft heute andere Dinge zu erledigen hat, als ausschließlich sich dem Sport zu widmen ... jeder, der körperlich nicht auf der Höhe ist, ist auch nicht in der Lage ausreichend Sport zu betreiben. Es ist kein Ersatz für die schlechte Lebenshaltung, wenn man sagt, es soll Sport betrieben werden.« Eine Streitfrage in der Debatte um die Bewilligung des Stadions war auch die Entschädigungssumme für die enteigneten Grundbesitzer. Zentrumspolitiker forderten, daß bei der Festlegung der Entschädigungshöhe die Geldentwertung berücksichtigt werden müsse, um »unbillige Härten« zu vermeiden.

... ist die ersehnte Einigung da!

Am 22. September 1921 nahm Adenauer selbst erneut Stellung: »Es ist nicht zu verkennen, ... daß die Durchführung auf Grund des Reichsgesetzes vom 27. April 1920 für die Betreffenden Härten, unter Umständen große Härten mit sich bringen kann. Ich bin aber der Auffassung, daß sich die Härten, ohne daß sich die Stadt ihrer Rechte, die sie aus diesem Gesetz hat, und das sie anwenden muß, begibt, doch zum Teil vermeiden, jedenfalls außerordentlich mildern lassen.« Den Gedanken, das Stadion an anderer Stelle, nämlich in einem ausgekiesten Gelände im rechtsrheinischen Köln, anzulegen, weil dort weniger Arbeit notwendig wäre, verwarf Adenauer mit den Worten: »Meine Damen und Herren! Wir verfolgen mit dem Projekt in erster Linie die Absicht, möglichst viel Arbeitskräfte beschäftigen zu können, und es kann daher dieser Anregung nicht Folge geleistet werden.« Ohne weitere Auseinandersetzung stimmte die Stadtverordnetenversammlung der Beschlußvorlage zu.

Endlich: es fließt Geld!

Geldmittel in Höhe von 15,4 Millionen Mark aus der Kasse für außerordentliche Bedürfnisse wurden genehmigt. In der Folgezeit wurden weitere Nachkredite in Höhe von 7,5 Millionen Mark am 27. April 1922 und 24,5 Millionen Mark am 7. September 1922, die für weitere Ausbauarbeiten, gestiegene Löhne und die Schwimmbahn vorgesehen waren, anstandslos bewilligt.[16] Sozialdemokrat Oskar Hirschfeld wies während der weiteren Verhandlungen auf eine andere Gefahr hin: »Ich benutze die Gelegenheit, die Verwaltung darauf aufmerksam zu machen, daß das Bestreben einiger großer Klubs hier in Köln dahin geht, eigene große Sportplatzanlagen zu schaffen … Ich bitte die Verwaltung, daß Sie an die betreffenden Verbände herantritt und möglichst die Errichtung solcher Anlagen hintan hält. Denn die Verbände, die die Schaffung dieser Anlage wiederholt forderten, haben die moralische Verpflichtung, auch dafür zu sorgen, daß dem städtischen Stadion, oder wie die Anlage heißen mag, keine Konkurrenz entsteht.« Aus diesem Grund forderte Hirschfeld, den Vereinen auf keinen Fall Gelände oder Geldmittel für entsprechende eigene Anlagen zu bewilligen.

Fortuna mischt sich zugunsten des Stadionbaus ein

Die erheblichen Summen, die nach Abzug der durch das Reich finanzierten Gelder für die Notstandsarbeiten noch von der Stadt aufzubringen waren, wurden durch Anleihen finanziert. Durch die Währungsreform im November 1923 wurde ein Großteil dieser Schulden einfach gestrichen. Damit gehörte die Stadt Köln in Sachen Stadion zu den sogenannten Inflationsgewinnlern, was das Kölner Tageblatt vom 22. Januar 1924 zu der Bemerkung veranlaßte: »Die Notenpresse hat das Kölner Stadion finanziert. Die Papierschnitzel, für die die Anlage geschaffen worden ist, kann heute jeder aus der Westentasche ziehen.«

DIE ERÖFFNUNG

Am 16. September 1923 wurde der Stadionkomplex in einem Festakt der Öffentlichkeit übergeben. Man sprach allgemein von der größten Stadionanlage Europas, was unter Einbeziehung aller Flächen mit Sicherheit auch richtig war. Die Hauptkampfbahn selbst jedoch entsprach eher dem Normalmaß.[17] Im gleichen Jahr wurde in London das legendäre Wembley-Stadion eröffnet, das mit 127 000 Besuchern zu den größten zählte. Beim englischen Cupfinale 1923 sollen sogar 200 000 Zuschauer dieses Stadion gefüllt haben.

Aber auch der Zuspruch aus der Kölner Bevölkerung zur Eröffnungsfeier des Stadions konnte sich sehen lassen. Zeitgenössische Berichte beschrieben eine ungeheure Menschenmenge, die sich auf den Weg ins Stadion machte: »Aus allen Winkeln rückten sie an, auf allen Straßen wälzten sich die Massen dem Sportpark zu. Ein Fluß von zwei Stunden Länge ergoß sich in mehr als 20 Kanälen in die Anlagen. Die Hauptkampfbahn – sie faßt rund 100 000 Menschen – war besetzt und immer noch kein Nachlassen der Massen ... herangeholt durch die Elektrische, durch Autos und die Mehrzahl auf Schusters Rappen.«[18] Die überschwengliche Freude und Begeisterung dieses Sportfans hat ein wenig übertrieben, aber auch die eher nüchternen Zeitungsberichte sprachen von einem »großen« Tag des Kölner Sports. Die politische Prominenz war ebenfalls zugegen, bzw. nahm dieses Ereignis wahr. Regierungs-Präsident Graf Adelmann überreichte Adenauer einen Silberpokal mit Widmung. Reichspräsident Ebert und Reichsminister Fuchs schickten Glückwunschtelegramme.

Weihevolle Stunde ...

Die Zeremonie der eigentlichen Weihefeier mutet mit ihren symbolhaften Elementen fast olympisch an. Unter Fanfarenklängen zogen die Sportler in das Stadion ein, angeführt durch einen »Stillauf« der Leichtathleten. Es folgten Marschkolonnen der Turner und Fechter, Ballspieler, Schwerathleten, Ruderer und Schwimmer in ihren jeweiligen typischen Sportbekleidungen. Die Radfahrer und Reiter bildeten den Schluß des Einmarschzuges. »Knabenchöre vaterländischen und rheinischen Charakters leiteten den eigentlichen Festakt ein. Hunderte von Tauben, die man anschließend auffliegen ließ, machten auch im weiten Umkreis den Augenblick bekannt, in dem der Oberbürgermeister die Rednertribüne betrat.« Im Akt der Übergabe und in seiner pathetischen »Weiherede« wird deutlich, wie sehr Adenauer das Stadion als Geschenk an das Volk verstanden wissen wollte.

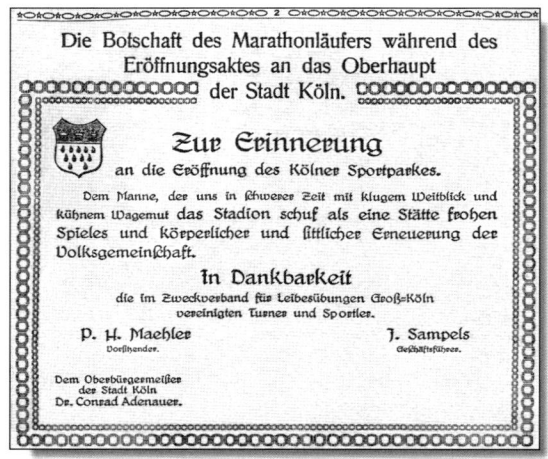

Dankesurkunde des »Zweckverbandes für Leibesübungen Groß-Köln« an Konrad Adenauer.

Oberbürgermeister Konrad Adenauer hält seine Weiherede.

»Der großen Kölner Turn- und Sportgemeinde übergibt heute die Stadt Köln durch meine Hand diese Felder zum ehrlichen Spiel, zur frischen Arbeit, zum frohen Kampfe.

Nicht müßigem Tun, nicht eitlen Spielern sollen diese Plätze dienen, der zielbewußten Pflege und Stählung des Körpers und des Geistes seien sie geweiht! Hier straffe sich der Muskel, hier weite sich der Blick, hier wachse Mut und Kraft!

Zwei Dinge tun uns Deutschen vor allem not, wenn wir wieder ein großes Volk werden sollen; zwei Dinge, die kein Wissen und kein Fortschritt der Technik, keine Pflege der Kunst und Kultur uns gibt oder ersetzt; zwei Dinge, ohne die ein Volk nicht bestehen kann: Gemeinschaftsgeist und freiwillige Einordnung.

Auf diesem Plane, auf diesen Feldern sollen sie gelehrt und gelernt werden: eine Schule des Gemeinschaftsgeistes und der auf freiem Willen beruhenden Disziplin, eine Hochschule der Volkserziehung sei diese Stätte!

Euch übergebe ich sie, Ihr Kölner Turner und Sportler! Jetzt geht Ihr ans Werk! Sorgt, daß die ganze Kölner Jugend, Mann und Frau, hindurch geht durch diese Schule! In schweren Sorgen und in stetem Kampfe haben wir geschafft an diesem Werke, herzlichen Dank allen, die mit Kopf oder Hand mitgearbeitet haben. Jetzt ist das Werk vollendet. Dessen wollen wir uns freuen trotz unserer Sorgen. Freuen wollen wir uns des Lebensmutes und der Jugendkraft, die wir hier sehen, und ein Fest des Glaubens an uns selbst, der Hoffnung, der Zukunft feiern, trotz der furchtbaren Schwere unserer Tage. Der Schwimmer, der sich selbst aufgibt, geht unter! Wir wollen nicht untergehen, wir wollen unser Geschick meistern! Wir glauben an uns und unsere Kraft, an unsere Zukunft, an unser Volk. Nicht verzweifeln, aber in treuer Volksgemeinschaft arbeiten für unser Vaterland! Diesen Eidschwur legt Kölns Bürgerschaft in dieser Feierstunde ab. Das deutsche Volk, das deutsche Vaterland sie leben hoch!«[19]

Bilder von der Einweihungsfeier des Kölner Stadions am 16. September 1923.

linke Seite: Stillauf der Leichtathleten in der Hauptkampfbahn.
links: Start zum ersten Rennen auf der Radrennbahn.
unten: Sportler auf den Erdwällen während der Ansprachen.

Nach der Rede Konrad Adenauers folgte die Nationalhymne. Ein Marathonläufer überbrachte dem Oberbürgermeister die Dankurkunde des Zweckverbandes für Leibesübungen. Anschließend begaben sich die Sportler zu den jeweiligen Sportstätten und veranstalteten ihre ersten Wettkämpfe. Die Hauptkampfbahn wurde für das Fußballspiel Hamburg gegen Köln geräumt.

... und eine zweite Eröffnungsfeier

Aber nicht alle Kölner Sportler waren an diesem Ereignis beteiligt, denn die sozialistisch orientierten Arbeitersportler weigerten sich, zusammen mit den bürgerlichen Athleten die Kampfbahn zu betreten. »Was uns als Arbeiter vom Bürgertum politisch und wirtschaftlich trennt, die Gegensätzlichkeit der Weltanschauung, zieht auch den Trennungsstrich in der sportlichen Betätigung.« Mit diesen Argumenten begründete die Arbeitersportbewegung ihre Absage in der Rheinischen Zeitung. So kam es, daß rund 14 Tage später eine zweite Eröffnungsfeier in Müngersdorf stattfand. Und wieder zog ein Festzug ein, diesmal bestehend aus den Mitgliedern der Arbeitersportvereine.

Mit einem Schlag wurde Köln zur Sportmetropole des Westens. In der Folgezeit entstanden zahlreiche neue Turn- und Sportvereine bevor 1933 die Zahl der Neugründungen deutlich zurückging. Keine andere deutsche Stadt hatte so viele sportliche Großveranstaltungen in der Weimarer Zeit. Adenauers Plan, Köln zur modernen Metropole werden zu lassen, war in diesem Punkt verwirklicht worden, auch wenn sein größter Wunsch, die Ausrichtung der Olympischen Spiele 1936 nicht erfüllt wurde.

Modell der Eingangsgebäude zur Hauptkampfbahn nach dem Entwurf von Adolf Abel.

DIE SPORTANLAGEN

Mit der Eröffnung war zugleich der Startschuß für die Bewährungsprobe des Müngersdorfer Stadions gefallen, und man durfte gespannt sein, wie die Kritik der Sportler, Funktionäre und Zuschauer ausfallen würde. Das 10 Jahre alte Berliner Stadion, daß nach Aussage Carl Diems in »seiner straffen Linienführung und seiner Harmonie zur Umgebung zwar ein Werk von künstlerischem Rang« sei, war in letzter Konsequenz nicht der Forderung nach der »gestalteten Natur« gefolgt, sondern entstand in Anlehnung an seine Vorläufer in Athen und London.

Freigegeben der Öffentlichkeit präsentiert sich stolz das neue Kunstwerk ...

In Köln war nun ein völlig anderes Konzept verwirklicht worden, das in der Folgezeit maßgeblichen Einfluß auf den Stadionbau in Deutschland haben sollte. Geschaffen wurde ein

Stadtbaurat Adolf Abel (1882–1968). Neben den Stadionbauten entstanden in Köln die Hängebrücke in Mülheim und die Universitätsneubauten in Lindenthal nach den Entwürfen von Abel. Mit seinen Plänen zum Kölner Stadion nahm Abel 1928 an den Olympischen Kunstwettbewerben in der Abteilung Architektur teil. Über seine Plazierung ist jedoch nichts bekannt.

»weiträumiger, einheitlicher Organismus, der im Grunde gestaltete Natur blieb und doch alle technischen Errungenschaften des Sports aufwies.« Ähnliche öffentliche Parkanlagen hatte es zwar schon früher gegeben, aber »nirgendwo gab es eine solche wohlgeordnete, in letzter Meisterschaft gestaltete Summe sporttechnisch vollendeter Übungsstätten, und nirgendwo fügten sich diese Sportanlagen wieder so unsichtbar, so bescheiden in das Parkganze ein.«[20]

... und wie jedes gute Kunstwerk regt es zu lebhafter Diskussion an ...

Der Eindruck vor Ort war zunächst etwas ernüchternd, denn die jungen Anpflanzungen und neu angelegten Wege und Freiflächen brauchten noch eine gewisse Zeit, um geschmackvoll zur Geltung zu kommen. Eine großartige Parkanlage wurde der Komplex erst im Laufe der Jahre, als die Gartenarchitekten und Betreuer der riesigen Grünflächen ihr Werk vollendet sahen. Selbst die Hauptkampfbahn als »Herzstück« der Anlage wurde zunächst in keiner Weise architektonisch hervorgehoben. Erst mit den Erweiterungsbauten, die zwischen 1926 und 1928 entstanden, erhielt die Arena ein entsprechendes Entree. Stadtbaudirektor Adolf Abel entwarf die heute noch vorhandenen massiven Ziegelsteinbauten zu beiden Seiten des Stadionhaupteingangs. Die Gebäude, die »eine mächtig wirkende Einheit des Umrisses und wohltuende Ruhe ihrer weitgedehnten kubischen Massen zeigen«, erinnern sehr an die 1928 ebenfalls von Abel entworfenen Messebauten in Deutz.[21] Die Stadionbauten enthielten Umkleideräume für 4000 Personen, Räume für Verwaltung, Presse, Post und Sanitätsdienst, Übernachtungsräume, eine Gymnastik- und eine Turnhalle. Die Baukosten in Höhe von 400 000 Mark waren Gegenstand einer heftig umstrittenen Sitzung der Stadtverordneten am 22. Januar 1926. Die zunächst vorgesehene Finanzierung aus dem Schuletat wurde vor allem von den Kommunisten heftig kritisiert. Sie argumentierten, daß das Stadion in erster Linie von den privat finanzierten höheren Schulen genutzt werde und nicht von den städtischen Volks- und Mittelschulen, die somit keine Vorteile aus den Erneuerungen hätten. Aber auch die Notwendigkeit der Bauten selbst wurde in Frage gestellt, denn für die anstehende Veranstaltung der Deutschen Kampfspiele 1926 schlug man die Errichtung eines billigeren Provisoriums vor. Der Vertreter der Wirtschaftspartei war sogar der Meinung, daß »wenn die Kampfspiele ohne das Provisorium ... nicht stattfinden können, dann müssen in Gottes Namen die ganzen Kampfspiele ausfallen.«[22] Man einigte sich letztendlich auf eine Verteilung der Kosten auf den Etat des Stadtamtes für Leibesübungen über fünf Haushaltsjahre, sowie eine zusätzliche Refinanzierung durch eine Kampfspiel-Lotterie.

Zeichnung der gesamten Stadionanlage zum Zeitpunkt des Deutschen Turnfestes 1928. Im Hintergrund ist der Adenauerhügel zu erkennen.

... die zuweilen zur Kritik werden kann

Noch im Eröffnungsjahr 1923 beschäftigte sich Diem ausgiebig mit der Kölner Stadionanlage. Neben vielen Lobeshymnen wurden durchaus auch kritische Töne laut. Grundsätzlich stimmte Diem mit dem »Kölner Sportplatzprinzip« überein, in dem jede Sportart eine nach außen hin abgeschlossene, von Erdwällen umgebene Kampfbahn erhält. Große Zuschauermengen können hier sogar unabhängig voneinander die Wettkämpfe verfolgen. Insbesondere die Anlage von drei Kampfbahnen stimmte ihn nachdenklich. »Ich kann nicht umhin, meine Sorge zu äußern, ob drei Kampfbahnen an einer Stelle auch für eine große Stadt nicht etwas viel sind. ... Es kann sehr wohl auch ein zuviel an Wettkämpfen geben, das der Bewegung abträglich ist. Vielleicht haben die Kölner eine reinliche Scheidung gewünscht und wollen die eine Bahn den unpolitischen, die andere den politischen und die dritte den sozialistischen Sportsleuten geben. Aber vielleicht haben die Turnvereine auf der einen und die Sportvereine auf der anderen Seite je eine Kampfbahn für sich verlangt, ich weiß es nicht.«[23] Diem wies zudem insbesondere auf die hohen Instandhaltungskosten der Laufbahnen hin. Von anderer Seite kam der Vorschlag, die Westkampfbahn zu einer speziellen Athletikbahn kleineren Umfangs umzugestalten und auf dem gewonnenen Raum eine große Turnhalle zu errichten.

Tribünen der Hauptkampfbahn, 1926.

Es folgen notwendige Erneuerungen...

Viel Kritik äußerten Besucher und Berichterstatter über die Tribünen der Hauptkampfbahn, die 3000 Zuschauern Platz bot. »Wer für diese Tribüne verantwortlich ist, den kann man nur bedauern, da er durch diesen unmöglichen Bretterhaufen die ganze Anlage verschandelt hat.« An anderer Stelle: »Auf den oberen Bänken glaubt man sich in einen Dachstuhl versetzt – nichts als Gebälk ist zu sehen. Welcher Künstler mag diese Einrichtung entworfen haben – jeder Zimmermannslehrling hätte zweckmäßiger gearbeitet.«[24] Beide Kritiker schlagen vor, die Tribünen abzureißen und eine ansehnliche Betonkonstruktion zu errichten – ein Vorschlag, der in den folgenden Jahren verwirklicht wird.

... und ideenreiche Verbesserungen

Zustimmung erhielt der »Kölner Plan« von Diem für die spezielle Einrichtung einer Radrennbahn, wobei er aber wiederum wirtschaftliche Bedenken äußerte. Die Kölner Bahn war nur für Fliegerrennen konstruiert worden, folglich mußte man auf die einträglichen Veranstaltungen von Motorrad- oder Steherrennen verzichten. Die 400 m lange und 6 m breite Holzbahn war nach den Entwürfen des Ingenieurs Hellner aus Dresden gebaut worden. Die Kurvenerhöhung von 2,40 m an der steilsten Stelle erlaubte eine Stundengeschwindigkeit von 40 km/h. Im Innenbereich waren zudem weitere Felder für Fußball-, Rasen- und Radballspiele vorgesehen. Vier Betonfelder wurden von den Kunst- und Reigenfahrern genutzt. Die Müngersdorfer Holzpiste wies darüber hinaus eine andere Besonderheit auf, die auf die Initiative des in Radsportkreisen »mächtigen« Heinrich Stevens zurückzuführen war. Er ließ eine Gasglüh-Lichtanlage mit 60 000 Kerzen installieren, so daß auch Abendveranstaltungen durchgeführt werden konnten. Im Gegensatz zu den anderen Wettkampfstätten waren die umliegenden Erdwälle mit Betonstufen versehen, die insgesamt 15 000 Zuschauern Platz boten.

Ausgrabungsarbeiten auf der Jahnwiese, 1926. Im Zuge der Erdarbeiten für die Anlage der Jahnwiesen hinter dem Stadion entdeckten Arbeiter einen römischen Gutshof. Im Hintergrund erkennt man die Tribünen der Hauptkampfbahn (rechts) sowie der Radrennbahn (links).

Die Schwimmbahn bestand zu Anfang aus einem 100 m langen und 25 m breiten Betonbecken, an deren beiden Längsseiten Tribünen für 6000 Zuschauer angelegt waren. Dazu gehörten noch ein 5 m tiefes Sprungbecken mit Sprungeinrichtungen bis zu 10 m, sowie ein Becken für Nichtschwimmer. Das in unmittelbarer Nähe gelegene 3 ha große Luft- und Sonnenbad war mit einem Bretterzaun in einen Männer-, Frauen- und Schülerbereich unterteilt. Große Rasenflächen, schattige Ruhezonen, Planschbecken und Sandspielplätze lockten in den ersten Jahren zahlreiche Besucher nach Müngersdorf.

Fünf tiefgelagerte und mit Terrassen umgebene Tennisturnierplätze boten die Möglichkeit der Durchführung größerer Turniere, zumal 20 weitere Aschenplätze hinzugezogen werden konnten. Weitere Spezialanlagen waren ein Schwerathletikplatz, der nach Diems Meinung zu weiträumig angelegt war, und ein Reitturnierplatz. Darüber hinaus waren die großen Spielwiesen zu beiden Seiten der Aufmarschstraße zur Hauptkampfbahn und eine 10 ha große Fläche hinter dem Stadion für vielfältige Zwecke einsetzbar.

1 In London wurden die Olympischen Spiele 1908 und in Stockholm 1912 ausgetragen. Berlin war für 1916 vorgesehen. In Paris 1900 und in St. Louis 1904 fanden die Olympischen Spiele im Zusammenhang mit der Weltausstellung statt, und die provisorisch angelegten Wettkampfstätten wurden hinterher wieder abgebaut.

2 Rudolf Gasch, Handbuch des gesamten deutschen Turnwesens, Wien-Leipzig 1920, S. 336.

3 Konrad Adenauer. Seine Zeit – Sein Werk. Ausstellungskatalog des Historischen Archivs der Stadt Köln (HAStK), Köln 1976, S. 80.

4 Der Verein erhielt seinen Namen dadurch, daß seine Mitglieder bei jedem Wetter auf den Tennisplätzen anzutreffen waren.

5 Auch Bundeskanzler Adenauer liebt das Spiel, in: Wir im Sport, (1961) 7, S. 5.

6 Konrad, sprach die Frau Mama …! Der Bundeskanzler und die Leibesübungen, in: Rheinische Turnzeitung, 9 (1956) 6, S. 5.

7 Vgl. Gasch (Anm. 2), S. 75-77. Ausführliche Beschreibungen von Adenauers Grüngürtelpolitik findet man zum Beispiel in: Adenauer, Konrad, Eine Lebensfrage Kölns. Wald, Feld und Wiese vom Rhein bis zum Rhein, Köln 1920. Adenauer, Konrad, Schleifung der Festung Köln unter Berücksichtigung für die Zukunft der Stadt entscheidender Projekte, Köln 1920.

8 Edmund Neuendorff, Geschichte der neueren deutschen Leibesübung, Dresden, o. J., S. 592ff.

9 Carl Diem, Die Spielplatzfrage als kommunales Problem, in: Carl Diem, Ausgewählte Schriften, Bd. 2, St. Augustin 1982, S. 195.

10 Verwaltungsbericht der Stadt Köln (VBStK) 1919, S. 33.

11 HAStK, Bestand 671, Nr. 2, Bll. 114-115.

12 Carl Diem, Moderne Sportplatzanlagen, in: Carl Diem u. a. (Hgg.), Stadion, Berlin 1928, S. 420.

13 Ebenda, S. 421.

14 Theo Nußbaum, Wie das Kölner Stadion entstand, in: 25 Jahre Kölner Stadion, Köln 1948. Das Folgende ebenda.

15 Protokolle der Stadtverordnetenversammlung der Stadt Köln 1921, passim. Das Folgende ebenda.

16 Protokolle der Stadtverordnetenversammlung der Stadt Köln 1922, passim. Das Folgende ebenda.

17 Die Angaben über das Fassungsvermögen der Hauptkampfbahn schwanken zwischen 55 000 und 100 000. Vermutlich galten für die Stehplatzbereiche der Stadien noch keine Richtwerte oder Normen, die eine genaue Festlegung möglich gemacht hätte. Die Wahrheit liegt wahrscheinlich in der Mitte, was durch die Angaben der Zuschauerzahlen bei Fußballspielen etc. bestätigt wird.

18 Simon Bendix, 25 Jahre Vaterländische Festspiele, Köln 1924, S. 156.

19 Stadion-Festnummer, Westdeutscher Sport vom 16.9.1923.

20 Carl Diem, Mutterrecht des Kölner Stadions, in: 25 Jahre Kölner Stadion, Köln 1948.

21 Max Ostrop, Deutschlands Kampfbahnen, Berlin 1928, S. 88.

22 Protokolle der Stadtverordnetenversammlung der Stadt Köln vom 26.1.1926.

23 Vgl. Diem (Anm. 12).

24 Kölner Tageblatt vom 24.1.1924.

Die Stadionanlage 1923–1928

Luftbild der Stadionanlagen während des Deutschen Turnfestes 1928. Im Bild erkennt man rechts die zusätzlich errichtete Zeltstadt.

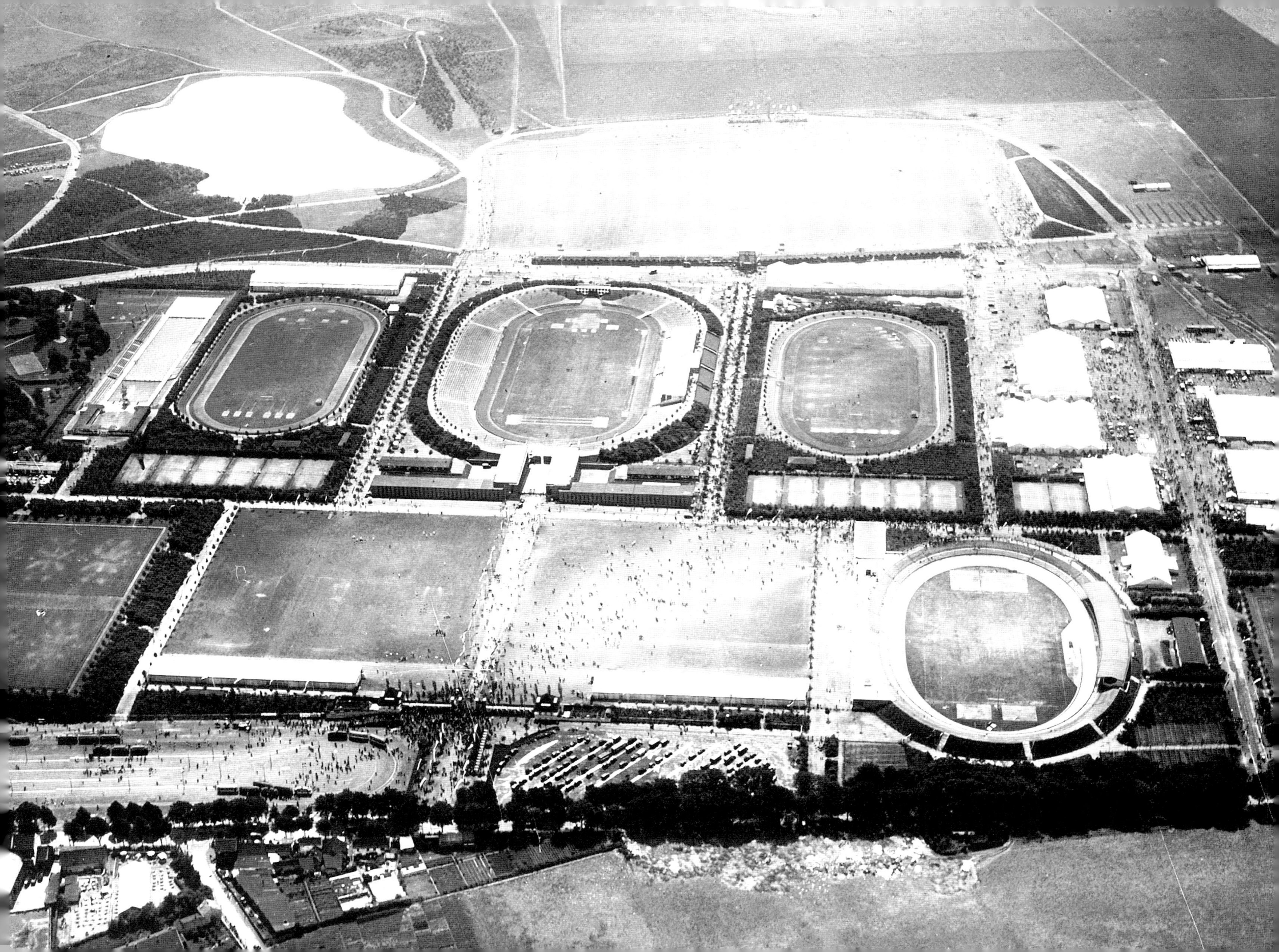

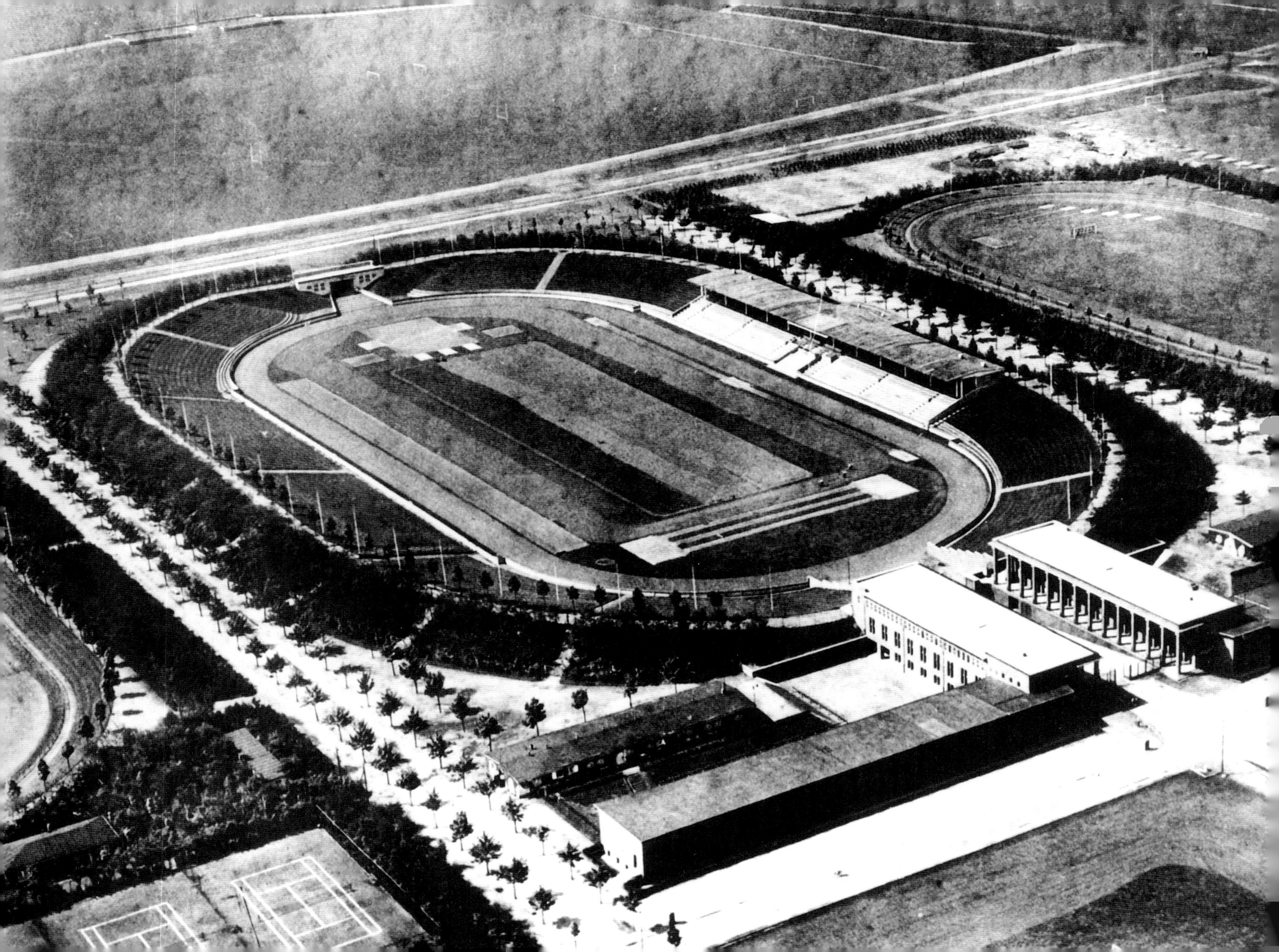

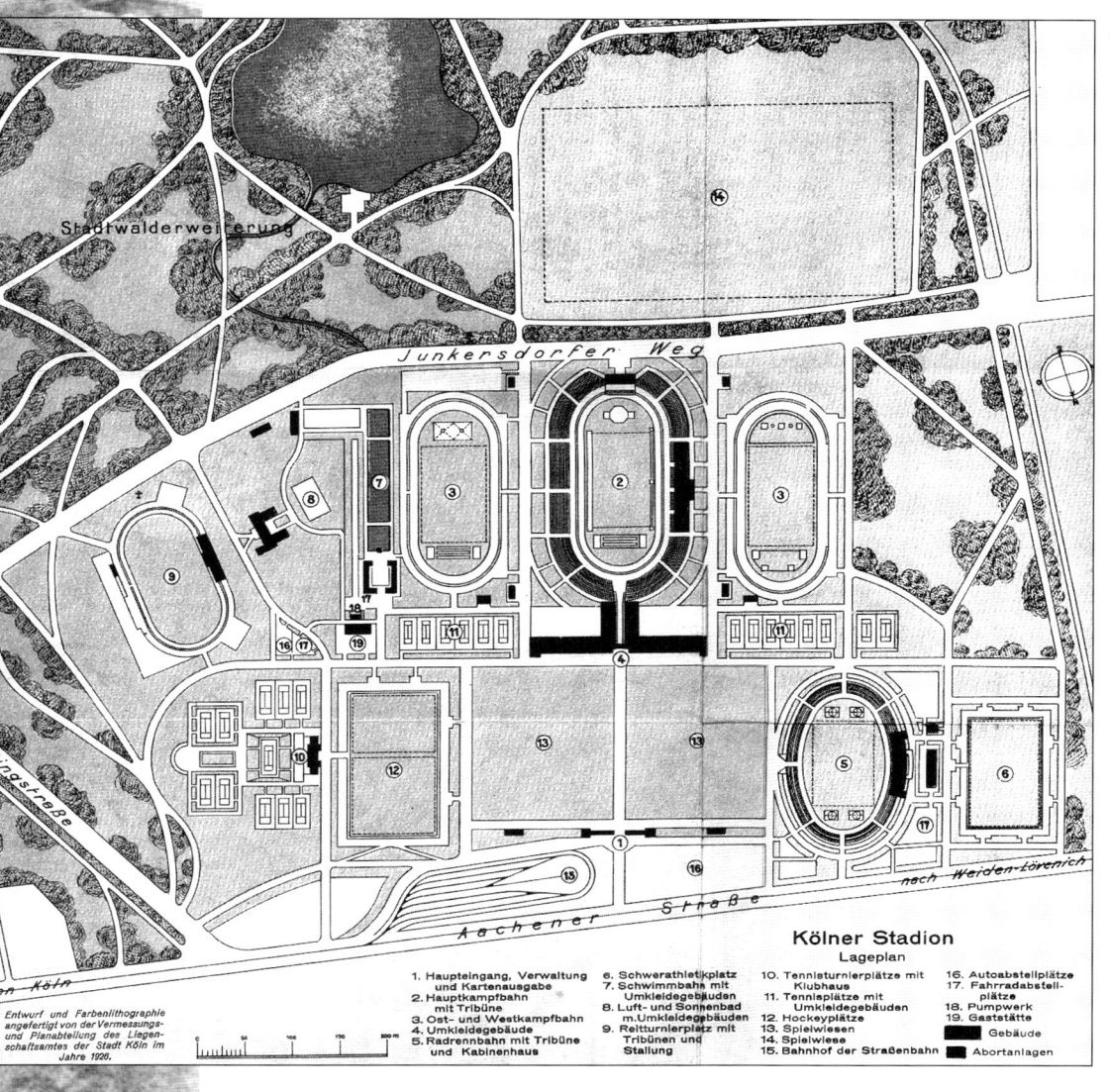

Plan der Stadionanlage, 1926.

Kölner Stadion
Lageplan

1. Haupteingang, Verwaltung und Kartenausgabe
2. Hauptkampfbahn mit Tribüne
3. Ost- und Westkampfbahn
4. Radrennbahn mit Tribüne und Kabinenhaus
5. Umkleidegebäude
6. Schwerathletikplatz
7. Schwimmbahn mit Umkleidegebäuden
8. Luft- und Sonnenbad m. Umkleidegebäuden
9. Reitturnierplatz mit Tribünen und Stallung
10. Tennisturnierplätze mit Klubhaus
11. Tennisplätze mit Umkleidegebäuden
12. Hockeyplätze
13. Spielwiesen
14. Spielwiese
15. Bahnhof der Straßenbahn
16. Autoabstellplätze
17. Fahrradabstellplätze
18. Pumpwerk
19. Gaststätte

■ Gebäude
■ Abortanlagen

Entwurf und Farbenlithographie angefertigt von der Vermessungs- und Planabteilung des Liegenschaftsamtes der Stadt Köln im Jahre 1926.

Luftbild der Hauptkampfbahn, um 1928.

DIE STADIONANLAGE 1923–1928

Gebäudekomplex am Eingang der Hauptkampfbahn.

Innenansicht der Umkleideräume für ca. 4000 Personen.

*Kassenbereich und Dienstgebäude
am Stadioneingang, um 1928.*

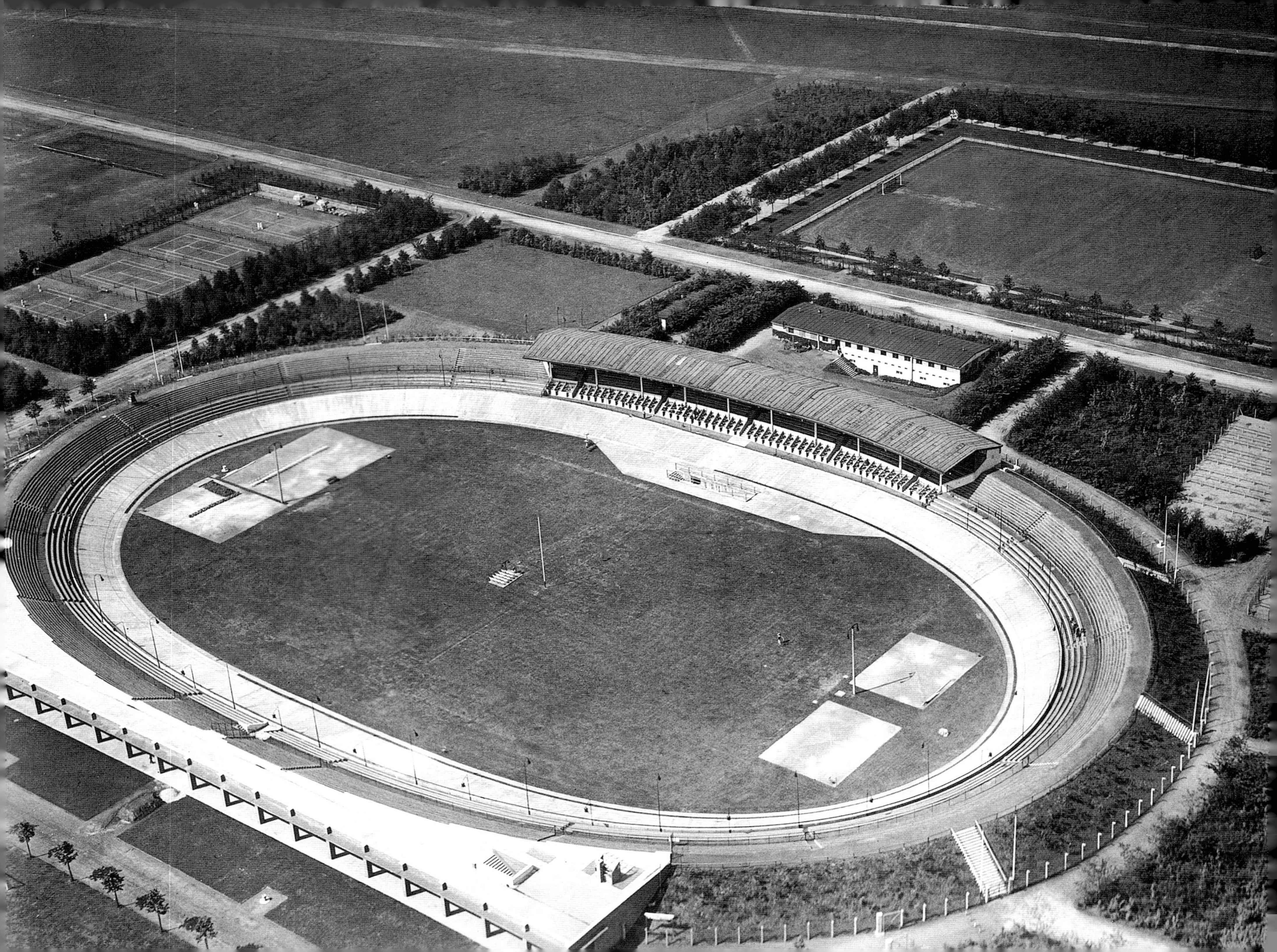

links: Luftbild der Radrennbahn, 1928.

Tennisanlage mit altem Klubhaus des KTHC »Stadion« Rot-Weiß. Neben den fünf tiefer gelegten Plätzen mit Tribünen und den Trainingsplätzen erkennt man im Vordergrund einen Teil der Reitbahn sowie hinter dem Klubhaus die Hockeyplätze und die Straßenbahnanlagen.

In der Achse der Wasseranlage erhebt sich der 10 m hohe Sprungturm.

Das 1928 errichtete Jahndenkmal auf den Jahnwiesen. Die symbolischen vier »F« der Deutschen Turnerschaft waren damals weithin sichtbar.

Luftaufnahme der Ostkampfbahn und von Teilen des Stadion-Schwimmbades mit Sprungbecken, Schwimmbahn und Umkleiden, links unten das Stadion-Restaurant.

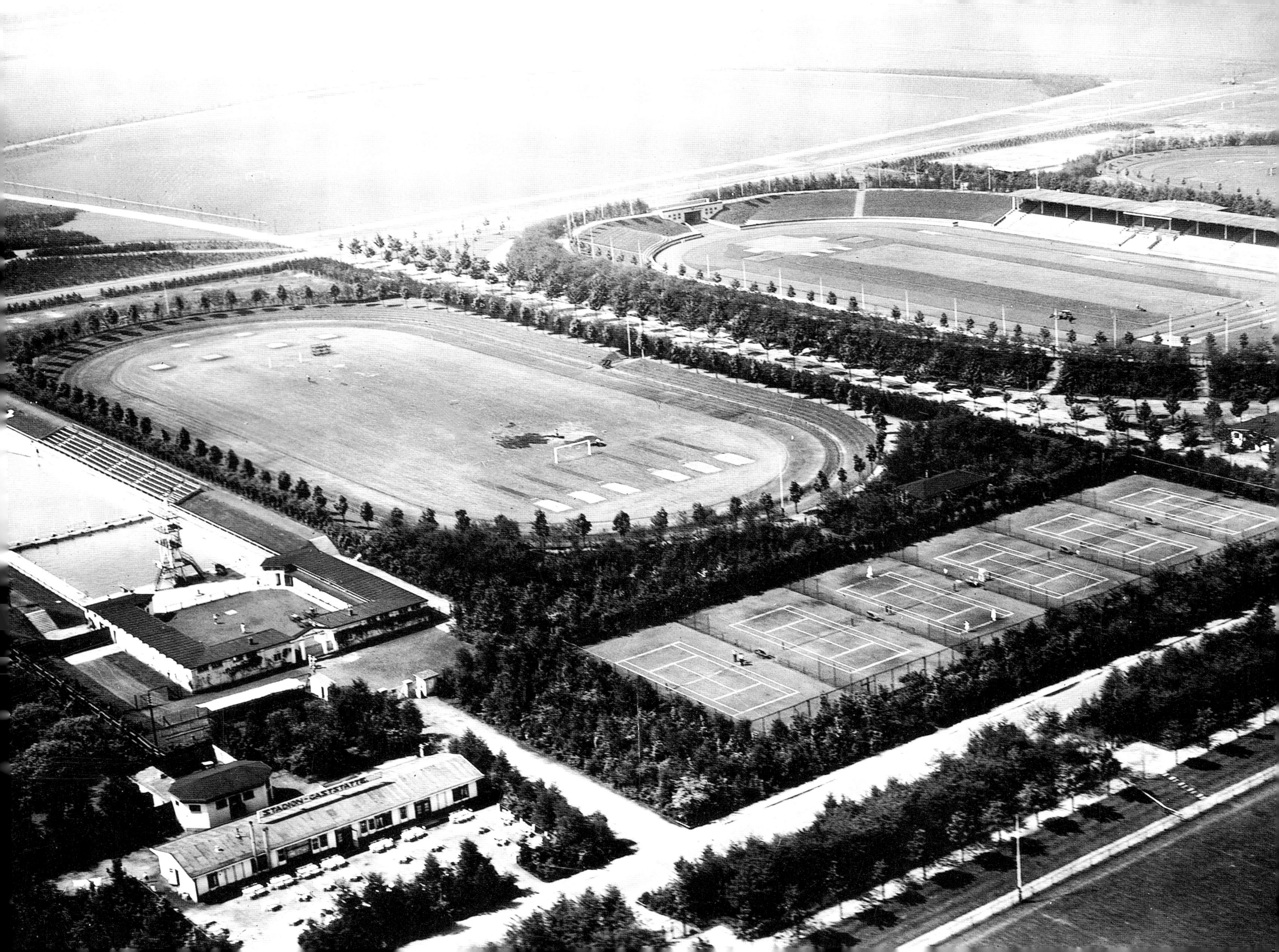
STADION-GASTSTÄTTE

»Hinaus in die Natur«

Der Stadionbetrieb bis 1945

Wirtschaftsbetrieb oder Erholungsstätte – in diesem Spannungsfeld bewegte sich das Stadion in seiner Nutzung aus städtischer Sicht. Sportdezernent Heinrich Billstein brachte dieses Problem 1924 in einem Schreiben an den Oberbürgermeister zur Sprache: »Ferner wird darauf hingewiesen, dass die Eigenart des Sportbetriebes es nicht ermöglicht, der Kölner Stadionanlage Jahr für Jahr grosse und grösste Veranstaltungen, die allein grössere Überschüsse abwerfen, zuzuweisen. Es finden z. B. die Deutschen Turnfeste und die Reichsarbeiter-Sportfeste nur alle 5 Jahre, die Olympischen Spiele und die Deutschen Kampfspiele nur alle 4 Jahre statt. … Ich bin der Auffassung, dass die Stadionanlage wie alle anderen Spielplatzanlagen nicht nur als wirtschaftliches Unternehmen angesehen und eingerichtet werden darf, da sonst Maßnahmen notwendig werden, die sich in der Richtung des Berufssports bewegen und die mit dem Gedanken der Volksertüchtigung nicht in Einklang zu bringen sind.«[1]

Haushaltsausgaben …

Billstein sollte mit seinen Befürchtungen zunächst nicht recht behalten, denn gerade in den 20er Jahren reihte sich in Köln eine Großveranstaltung an die andere. Auf lange Sicht war diese Fülle von aufwendigen Ereignissen allerdings nicht durchzuhalten. Die Probleme, die sich aus dem »Berufssport« ergaben, waren die hohen Anforderungen an die technische Ausstattung und Instandhaltung der Wettkampfstätten, die dann auch noch von einer allgemeinen Nutzung durch die Bevölkerung ausgeschlossen waren. In der »Festsetzung der Abgaben zur Überlassung der Sportplätze« hieß es dann auch: »Die grosse Kampfbahn muss allerdings freibleiben vom Vereinsübungsbetrieb, um sie dauernd in gutem Zustand zu erhalten. Dies ist aber nur möglich, wenn ihr möglichst Schonung und besondere Pflege zuteil wird. Sie wird dadurch ihre Anziehungskraft auf die grossen Verbände ausüben und weiterhin durch Heranziehung grosser Veranstaltungen und die dabei zu erzielenden Gewinne zur Finanzierung der Gesamtanlage in erheblichem Maße beitragen.«[2]

… contra Einnahmequellen

Mit dem Hinweis, das Stadion nicht allein als Wirtschaftsbetrieb anzusehen, verminderte Billstein auch den Druck auf die Verwaltung, die sich vor allem in den Anfangsjahren immer wieder vor die Schwierigkeit gestellt sah, einen ausgeglichenen Haushalt vorzulegen. Dies war aufgrund der hohen Zinskosten jedoch unmöglich. Eine Erhöhung der festgelegten Abgaben für die im Stadion ausgetragenen Veranstaltungen war ausgeschlossen. Die Gebühren- und Mietsätze für Vereine und Verbände lagen bereits über dem Reichsdurchschnitt. In Berlin oder Duisburg mußten nur 15% der Einnahmen entrichtet werden, während in Köln 25% an die Stadionverwaltung zu zahlen war. Darüber beschwerte sich auch der Zweck-

Leichtathletischer Wettkampf in der Hauptkampfbahn, um 1928. Jeden Sonntag trafen sich die Leichtathleten zum Training im Stadion. Auch die kleineren Wettkämpfe fanden trotz des fehlenden Zuschaueranndrangs in der Hauptkampfbahn statt.

verband für Leibesübungen und beantragte die Revision der Abgabensätze, um das Stadion »volkstümlich zu machen«. Die verlangten Abgaben seien zu hoch und die Unkosten, die für Kassierer, Platzwärter, Fahnenschmuck etc. verausgabt werden, summieren sich derart, daß einem auf Dauer die Lust vergeht, Veranstaltungen im Stadion zu machen.« [3] Eine weitere Erhöhung hätte unzweifelhaft dazu geführt, »daß Vereine und Verbände auf die Stadionplätze verzichten, weil sie einfach nicht in der Lage sind, größere Opfer zu bringen.« [4] Durch die Kopplung des Stadion-Etats mit dem der übrigen Sportstätten, der anfangs noch Gewinne aufwies, konnte der Gesamt-Etat aller Sportanlagen bis 1925 noch ausgeglichen werden. Nach 1926 war auch dies nicht mehr möglich.

Es wird unumgänglich: Der Posten eines Stadiondirektors wird eingerichtet

Verwaltungstechnisch wurde das Stadion dem Amt für Jugendpflege und Leibesübungen zugeordnet. Der Leiter des Sportamtes, Hoffmann, beantragte Ende 1921 die Einrichtung der Stelle des Stadiondirektors, der diesem Amt unterstehen sollte. Der Aufgabenbereich des Direktors war klar umrissen: »Er muß für die Einrichtung und ordnungsgemäße Durchführung der einzelnen Veranstaltungen sorgen und auch die fachmännischen Beaufsichtigungen der Platzanlage einschließlich Geräte, Aufbewahrungs-, Wasch- und Umkleideräume übernehmen. Die Kassenabrechnung mit den Verbänden und Vereinen nach den Veranstaltungen an Ort und Stelle muss er regeln. Ferner ist ihm zu übertragen: Bestellung von Sonderwagen und Sonderzügen bei Stadt- und Staatsbahn, Bearbeitung der Bekanntmachungen in den Zeitungen, der Vermietung von Muster- und Ausstellungsläden an Sportgeschäfte, der Vergebung von Firmenreklame innerhalb der Kampfbahn.« [5] Die Notwendigkeit zur Anstellung eines ausschließlich für das Stadion verantwortlichen Person wurde allgemein befürwortet. Zumal zu diesem Zeitpunkt noch große Unsicherheit über die zukünftige Gestaltung und Organisation des Stadionbetriebs herrschte. Die Sorge um das riesige Budget, das dieses Stadion auf der Kostenseite verursachen würde, und die Zweifel über Höhe der Einnahmen führten zu zahlreichen Berechnungen und Rentabilitätsstudien im Vorfeld der Stadioneröffnung. In der Stellenbeschreibung fanden daher auch nahezu modern anmutende Anforderungen im Bereich Werbung und Marketing Berücksichtigung. Acht Monate später wurde der Antrag wiederholt mit dem Hinweis, daß unter allen Umständen Verhandlungen mit den Turn- und Sportverbänden in die Wege geleitet werden müssen, um überhaupt Einnahmen während des Jahres 1923 aus der großen Anlage für die Stadt sicherzustellen. »Und für die Rentabilität des Unternehmens ist die Tätigkeit des Kampfbahn-Verwalters von außerordentlicher Bedeutung.«

Der neue Stadiondirektor hält Einzug ...

Am 15. Februar 1923 wurde der Wuppertaler Christian Busch auf den Posten des Stadiondirektors berufen. Diese Wahl sollte sich in den kommenden Jahren noch bewähren, denn als Fachmann in allen sporttechnischen Dingen erwies sich Christian Busch als kaufmännisches, organisatorisches und kreatives Multitalent. Er erhielt eine Dienstwohnung auf dem Stadiongelände, die er mit seiner Familie bis 1933 bewohnte. 1924 wurde zusätzliches Personal für die Stadionverwaltung beantragt. Neben einem Stellvertreter für den Direktor sollten ein Schwimm- und Sportlehrer und ein Kassierer, dem zugleich die Aufsicht und Instandhaltung der Radrennbahn und des Schwerathletikplatzes oblag, angestellt werden. Ein Arbeiter für die Tennisplätze, der auch die zu erhebende Miete und die Beträge aus Einzelspielen einkassierte, und ein Arbeiter, der »alle vorkommenden Arbeiten, wie Platzaufbau, Platzzeichnung, Geräteinstandhaltung, Grasmähen und -walzen, Laufbahnen und Sprunggrubeninstandhaltung zu erledigen hat«, sollten ebenfalls feste Anstellungen über das ganze Jahr erhalten. Darüber hinaus wurden noch mehrere Saisonarbeiter in Anspruch genommen, insbesondere für den Badebetrieb.

... und verwandelt die Stadionverwaltung in einen vorbildlich organisierten Betrieb

Eine ausführliche Ausarbeitung als »Vorschlag für die Organisation des Bade-, Spiel- und Sportbetriebes« legte die Stadionverwaltung 1924 vor. Danach wurde davon ausgegangen, daß »mit Ausnahme bei den Tennis-, Hockeyplätzen und Reitbahn gänzlich ausgeschlossen ist, die durch Verzinsung des Anlagenkapitals und durch Unterhaltung und Verwaltung entstehenden Kosten durch Vermietung aufzubringen wären.« Stattdessen seien größere Beträge in der Hauptsache durch Veranstaltungen und den der Allgemeinheit zugänglichen öffentlichen Übungs- und Badebetrieb zu erzielen. Die Auflistung des Stadiondirektors für die Organisation des Betriebs enthielt für jede einzelne Sportstätte einen Kosten-Nutzen-Vergleich sowie jeweilige Vorschläge für einen rentablen Betrieb. Die Vermietung der Tennisplätze an die Vereine oder Privatpersonen erwies sich als ein relativ lukratives Geschäft, die Reitbahn wurde an den Kölner Reit-, Jagd- und Fahrverein ver-

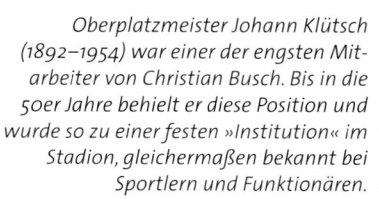

Oberplatzmeister Johann Klütsch (1892–1954) war einer der engsten Mitarbeiter von Christian Busch. Bis in die 50er Jahre behielt er diese Position und wurde so zu einer festen »Institution« im Stadion, gleichermaßen bekannt bei Sportlern und Funktionären.

pachtet. Im Winter wurden sechs Tennisplätze in eine künstliche Eisbahn verwandelt, die gegen ein geringes Entgeld zum Schlittschuhlaufen einluden. Eintrittsgelder für die Besichtigung der Sportanlagen bzw. für die Zuschauer von Trainingsstunden wurden auf der Radrennbahn erhoben. Für die Schwimmbahn wurde eine gemeinsame, gleichzeitige Nutzung durch die Öffentlichkeit und die Sportvereine vorgeschlagen.

Die Pionierarbeit, die hier in Sachen Stadionorganisation geleistet wurde, war Anlaß für viele andere Städte, die Verwaltung mit Anfragen zu überhäufen. Sogar aus dem Ausland suchte man Rat in Personalfragen, erkundigte sich nach Einzelheiten in der Betriebsstruktur und fragte nach geeigneten Geräten zur Pflege und Instandhaltung der Plätze. Bei Besichtigungen und Führungen erläuterte Busch zahlreichen Gästen »seine« Anlage.

Erfolgreiche Werbung für die Stadt Köln

Inwieweit die Stadt in finanzieller Hinsicht von den nationalen Sportereignissen profitierte, ist nicht mehr genau nachzuvollziehen. Unumstritten war die immense Werbewirksamkeit und der Einfluß auf das Verkehrs- und Wirtschaftsleben der Stadt. Aber auch in gesundheitspolitischer und wohlfahrtspflegerischer Hinsicht wurde der Stadionbetrieb den Interessen der Stadtväter gerecht. Sämtliche Plätze standen dem regelmäßigen Übungs- und Spielbetrieb der Kölner Vereine und Schulen sowie einzelnen Personen der Kölner Bevölkerung offen. Gerade auf die Möglichkeit, die Anlage des Stadions auch ohne Vereinsmitgliedschaft benutzen zu können, legte man in Verwaltungskreisen besonderen Wert.[6] Mit der Einrichtung sogenannter »Stadionkurse« ging die Stadt Köln neue Wege, denn das vereinsunabhängige Sportwesen hatte in Deutschland keine

Dr. Helmut Braubach (vorne rechts), Leiter der sportärztlichen Beratungsstelle, bei sportmedizinischen Untersuchungen während des Deutschen Turnfestes 1928.

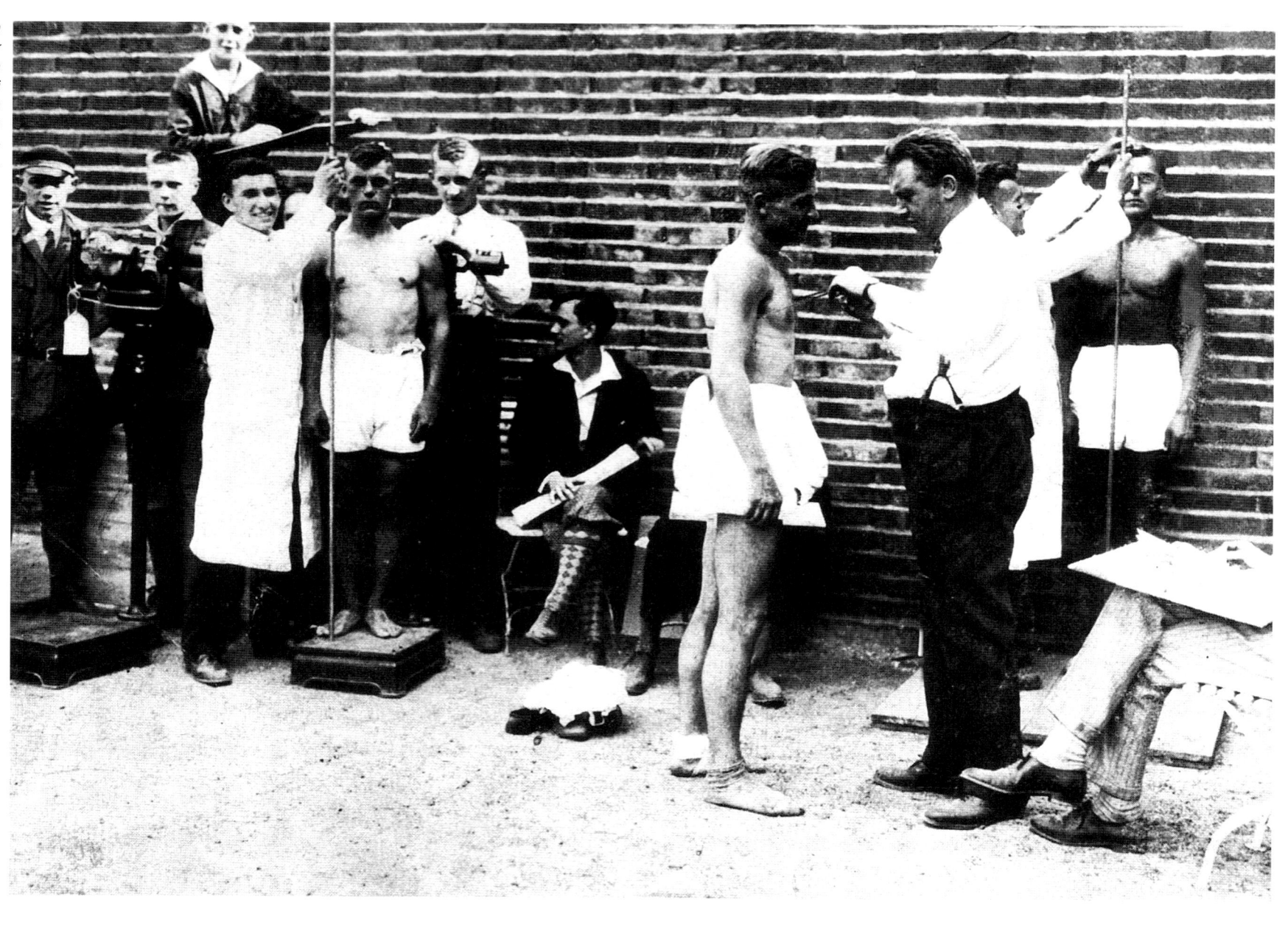

Tradition. Die von Stadionsportlehrern und -lehrerinnen geleiteten Volkskurse konnten für 1,50 RM monatlich bei einer Übungsstunde pro Woche besucht werden. Das Angebot reichte von Leichtathletik- und Gymnastikkursen für Anfänger und Fortgeschrittene bis hin zu Vorbereitungskursen für das Deutsche Turn- und Sportabzeichen. Die Kurse erfreuten sich vor allem bei den Frauen großer Beliebtheit, denen die Übungszeiten in den Vormittagsstunden und das ungebundene Sporttreiben anscheinend sehr entgegenkamen. Die Teilnehmerzahlen der Stadionkurse (1924–1929) sprechen für den Erfolg des Stadionbetriebs:[7]

1924:	360	Teilnehmer
1925:	1 080	Teilnehmer
1926:	9 220	Teilnehmer
1927:	26 347	Teilnehmer
1928:	35 759	Teilnehmer
1929:	37 516	Teilnehmer

Auch die in der Umgebung angesiedelten Schulen nutzten das Stadiongelände für den Sport- und Schwimmunterricht eifrig. »Hier tummelt sich die Jugend beim Spielturnen, hier erhält sie Schwimmunterricht, hier lagert sie im Luft- und Sonnenbad oder genießt Wasserfreuden im Planschbecken. Durchweg suchten im Jahre 1927 über 10 000 Schüler und Schülerinnen allwöchentlich das Stadion auf zu Spiel und Sport.« – so beschreibt Billstein das sommerliche Treiben in Müngersdorf.

Seit 1923 unterhielt das Stadtamt für Jugendpflege und Leibesübungen eine sportärztliche Beratungsstelle, die nebenamtlich vom leitenden Stadtarzt des Gesundheitsamtes, Dr. Helmut Braubach, betreut wurde. 1928 wurde die Stelle in die Verantwortung des Gesundheitsamtes gestellt, nachdem das Amt für Leibesübungen festgestellt hatte, daß es »wohl über die sportlichen Belange, aber weniger über die sanitären Notwendigkeiten zu befinden in der Lage ist.«[8] Bis 1930 wurden die Sprechstunden im Stadion kostenlos abgehalten, ab 1931 erhob die Stadt eine Untersuchungsgebühr. Beraten wurde nicht im Hinblick auf eine Leistungsoptimierung, sondern neben der Feststellung möglicher Erkrankungen gaben die Ärzte auch die Anleitung zur richtigen Sportausübung, im Sinne von Ausgleich und Allseitigkeit.

Plakat »HJ/BDM – Gebiets- und Obergau-Sportfest Köln-Aachen«, 1939.

Auch im Stadion ergreifen die Nationalsozialisten die Macht

Mit der Machtergreifung durch die Nationalsozialisten wurde der Sport staatsrelevantes Instrumentarium zur Durchsetzung der neuen Ideologie. Seine Funktionalisierung ging dabei weit über die bereits in der Weimarer Zeit bestehenden Tendenzen hinsichtlich der Wiederbelebung militärischer Kräfte und der Hebung der Volksgesundheit hinaus. Das Leitbild der nordischen Rasse mit der Verkörperung des Kraftvollen und Schönen wurde zum idealen Menschentyp, »Andersartige« waren minderwertig und der Ausgrenzung und Vernichtung ausgesetzt.

1933 übernahm SA-Sturmführer Heinrich Lohmann die Leitung des Stadtamtes für Jugendpflege und Leibesübungen, das kurze Zeit später die Bezeichnung »Jugend- und Sportamt« erhielt. Als »Sportkommissar« für die Rheinprovinz hatte er die Aufgabe der Gleichschaltung aller Turn-, Sport- und Jugendverbände sowie die Kontrolle über den gesamten Sportbetrieb. Christian Busch, der zu diesem Zeitpunkt auch Leiter des Stadtamtes war, wurde entlassen und erhielt, nach Aussage seiner Tochter, Grete Busch, »Stadionverbot«. Grete Busch, die einen großen Teil ihrer Kindheit im Müngersdorfer Stadion verbrachte und sich in den 30er und 40er Jahren als eine der besten Leichtathletinnen Deutschlands einen Namen machte, leitete mehrere Stadionkurse. Diese Tätigkeit durfte sie auch nach 1933 weiterhin ausüben.

Die bedeutende Rolle des Sports für das nationalsozialistische Regime wurde von Seiten der Stadt Köln allgemein anerkannt: »In Erkenntnis des Wertes der Leibesübungen für das Aufbauwerk des Führers hat die Stadt sich die Unterstützung und Förderung von Turnen und Sport besonders angelegen sein lassen.«[9] So erfuhr der Sportbetrieb im Stadion einige Änderungen. Zu den ›neuen Errungenschaften‹ in der Müngersdorfer Anlage gehörte ein Geländesportplatz, der »wegen seiner technisch guten Ausgestaltung sich eines starken Zuspruchs erfreute.« Darüber hinaus wurde 1933 die Errichtung eines Kleinkaliberschießplatzes in Angriff genommen. In großer Zahl wurden vor allem die Stadionkurse weitergeführt, denn sie kamen dem rassenideologischen Gedanken nach einer Volksgesundung sehr nahe. So bemerkte auch der Westdeutsche Beobachter 1936, daß das Stadion zur »eigentlichen, allumfassenden Volkssportstätte« erst nach der Machtergreifung wurde. »Die von der Stadionverwaltung durchgeführten Kurse erfuhren eine beträchtliche Erweiterung. Die Volkssportkurse der NSG ›Kraft durch Freude‹ zogen ins Stadion ein. Der Wehrsportplatz westlich der Westkampfbahn entstand. … Mit dieser Anlage dürfte Köln eine der größten und schönsten Volksgesundungsstätten und gleichzeitig Sportstätten erhalten haben.«[10]

Handballspiel des HSV Bocklemünd gegen eine Bonner Mannschaft in der Müngersdorfer Radrennbahn, um 1935.

Jüdischen Bürgern wird der Zutritt verboten

Am 31. März 1933 verkündete das Stadtamt für Leibesübungen offiziell, daß es von nun an den jüdischen Sportlern verboten sei, städtische Sportanlagen zu benutzen. In der Praxis wurde jedoch zunächst anders verfahren, denn noch bis 1938 nutzten jüdische Vereine die Sportplatzanlagen in Müngersdorf. 1934 feierte der SC Hakoah sein großes Sportfest in der Westkampfbahn.[11] Schwieriger war es dagegen für Einzelpersonen. Gesuche um die Ausstellung von Trainingskarten zur Benutzung des Stadions wurden von der Stadtverwaltung mit Bedauern abgelehnt, »da wir innerhalb des Stadions keine von dem übrigen Sportbetrieb abgeschlossene Sportplätze für Sie frei haben. Trainingskarten zur allgemeinen Benutzung können wir Ihnen nicht abgeben, da dies bei den räumlichen Verhältnissen hier im Stadion bestimmt zu Reibereien führen würde. Da wir in diesem Jahr (1935) dem nichtarischen Sportklub Hakoah eine große Platzanlage mit Laufbahn vermietet haben, werden sie sich wohl zweckmäßigerweise mit diesem Verein in Verbindung setzen zwecks gemeinsamen Trainings.«[12] Für die jüdischen Freizeitsportler war der Anschluß an einen »nichtarischen« Verein die einzige Möglichkeit, weiterhin ihrem Hobby nachzugehen.

Anzeige des SC Hakoah Köln, 1934.

Auch am allgemeinen Badebetrieb dürfen jüdische Bürger nicht teilhaben.

Am Stadionschwimmbad wurde ein Schild angebracht mit den Worten: »Juden sind nicht erwünscht.« Mit Rücksicht auf die Olympischen Spiele in Berlin und die zahlreichen ausländischen Gäste, die auch in Köln bei anschließenden Sportfesten und Vergleichskämpfen erwartet wurden, stellte die Stadionverwaltung dieses Schild 1936 bewußt nicht auf. Daraufhin gab es Beschwerden aus der Bevölkerung, die sich an den Westdeutschen Beobachter mit Leserbriefen wandten: »Es überkommt mich ein unästhetisches Empfinden, im gleichen Wasser zu schwimmen, wie diese widerlichen Parasiten. …Jedem deutsch fühlenden Volksgenossen wird dadurch der Aufenthalt im Stadion verleidet und er wünscht einen Juden dort am wenigsten zu sehen. Schaffe Du dort bitte mal Ordnung.« Der Westdeutsche Beobachter leitete das Anliegen an die Stadtverwaltung weiter, die daraufhin bemerkte, daß man bestrebt sei, im nächsten Jahr »die Juden aus unserem Schwimmbad fernzuhalten.«[13] Auch der Deutsche Gemeindetag befaßte sich mit der Frage nach der Nutzung städtischer Sportanlagen durch jüdische Vereine. 1937 startete er eine Anfrage an die Stadtoberhäupter nach den Regelungen vor Ort mit dem Hinweis, daß die räumliche und zeitliche Beschränkung der Benutzung für Juden im Sinne einer einheitlichen Regelung auf eine reichsgesetzliche Bestimmung gründe, wobei »die einzelnen Gemeinden aber nicht gehindert sind, die Benutzung von Bädern gesondert zu regeln.« Aus dem Antwortschreiben der Kölner Stadionverwaltung wird ersichtlich, wie die »uneinheitliche« Lösung in dieser Frage aussah: »Für die hiesigen Hallen- und Strandbäder ist ein offizielles Verbot zur Mitbenutzung durch Juden bisher nicht erlassen worden. In diesen Bädern wird allerdings durch Anschlag darauf hingewiesen, daß Juden nicht erwünscht sind. … Für das Stadionschwimmbad dagegen ist ein Verbot für die Mitbenutzung ausgesprochen worden.«[14]

Es gipfelt in der radikalen Auflösung aller jüdischen Sportorganisationen

Nach der »Reichspogromnacht« 1938 hatte der Antisemitismus in Deutschland eine neue Stufe erreicht, in dessen Folge die Beteiligung der jüdischen Bevölkerung am öffentlichen Leben immer schwieriger wurde. Eine sportliche Betätigung für jüdische Vereinsmitglieder war von nun an nicht mehr möglich, selbst das Betreten ihrer eigenen Sportstätten wurde ihnen verboten. Im Juni 1939 löste die Reichsregierung alle jüdischen Sportorganisationen auf.

Die Mitgliederzahlen in den »bürgerlichen« Sportvereinen und Verbänden stiegen nach

1933 noch geringfügig an, was zum Teil auf den Zustrom aus den verbotenen Arbeitersportvereinen zurückzuführen ist. Von da an war jedoch für Köln sowie im gesamten Reichsgebiet ein deutlicher Rückgang der Vereinsmitglieder zu verzeichnen. Das Sportprogramm in den Parteiorganisationen (HJ, BDM, KDF, DAF) war ein attraktives Freizeitangebot, das eine Konkurrenz zum Vereinswesen darstellte. Auch bei der Vergabe der städtischen Sportplätze entstand eine neue Situation, denn die Interessen der Parteiorganisationen, wie KDF, HJ oder BDM, fanden offensichtlich besondere Berücksichtigung. Das Kölner Sportamt stellte 1934 fest: »Die Überlassung von Turnhallen, Schwimmhallen, Sport- und Spielplätzen erfolgte gegen Zahlung geringer Gebühren. In erster Linie wurden die NS-Gliederungen und die NS-Gemeinschaft ›Kraft durch Freude‹ mit Plätzen und Hallen bedacht.« Auch eine kostenlose Überlassung städtischer Sportanlagen an die SA, die HJ und den BDM, sowie bei Aufmärschen der Partei war möglich, obwohl die Kölner Stadtverwaltung folgende klare Haltung einnahm: »Grundsätzlich kommt eine kostenlose Benutzung des Stadions nicht in Frage.« Diese Verordnung wurde jedoch keineswegs immer durchgehalten. Der Bitte der SA-Brigade 71, den Betrag von 7,50 RM für die Benutzung der Hauptkampfbahn und Markierungen niederzuschlagen, wurde ohne Umschweife stattgegeben, »zumal die Gebühren doch von den fast ausschließlich arbeitslosen SA-Männern gezahlt werden müßten.«[15]

Trotz des Krieges finden weiter Wettkämpfe statt …

Mit den ersten Kriegstagen geriet der Sportverkehr vorübergehend ins Stocken, ehe er sowohl von der Basis aus als auch auf Befehl des Nationalsozialistischen Reichsbundes für Leibesübungen wieder angekurbelt wurde. Vorrangige Ziele waren dabei die Anhebung der Wehrkraft, die Demonstration ungebrochener Lebenskraft sowie die Ablenkung von der harten Kriegsrealität. Deutsche Meisterschaften wurden in Kriegsmeisterschaften umbenannt. Hunderttausende von aktiven Sportlern, Übungsleitern und Funktionären wurden zur Wehrmacht eingezogen oder meldeten sich freiwillig. In den Vereinen übernahmen zum Teil die Älteren oder die Frauen die Organisation von Veranstaltungen und Wettkämpfen. Mannschaften verschiedener Vereine schlossen sich zu Spielgemeinschaften zusammen, um den Spielbetrieb weiter aufrecht zu halten.

An größeren Veranstaltungen erlebten die Kölner Bürger in den Kriegsjahren vor allem Leichtathletikwettkämpfe der Hitlerjugend oder Vergleichskämpfe zwischen benachbarten Gauen.

links und Seiten 60, 61: Sportveranstaltung des Reichsarbeitsdienstes und der HJ in der Ostkampfbahn, 16. September 1934. Aufstellung der RAD-Gruppen, Wettkampfleitung, Hindernisrennen mit provisorisch angelegtem Wassergraben.

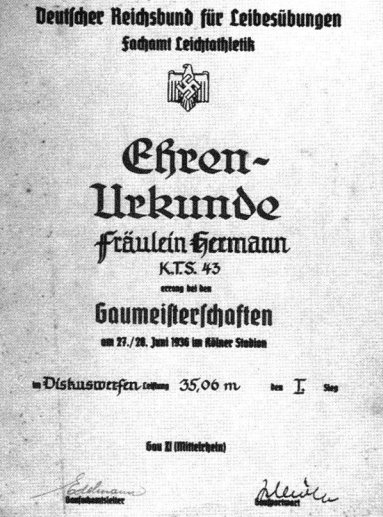

Ehrenurkunde des Deutschen Reichsbundes für Leibesübungen, Fachamt Leichtathletik, 1936.

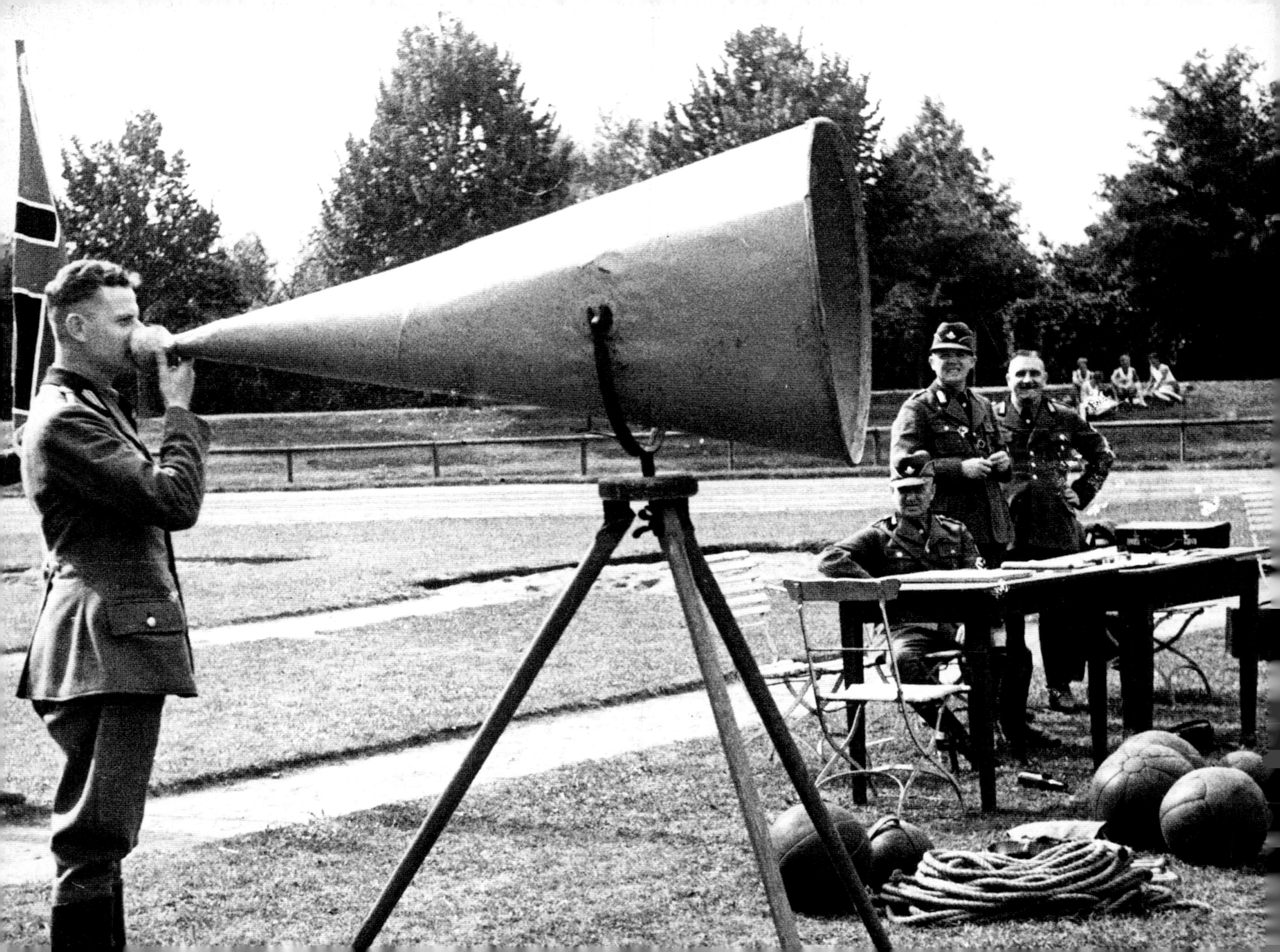

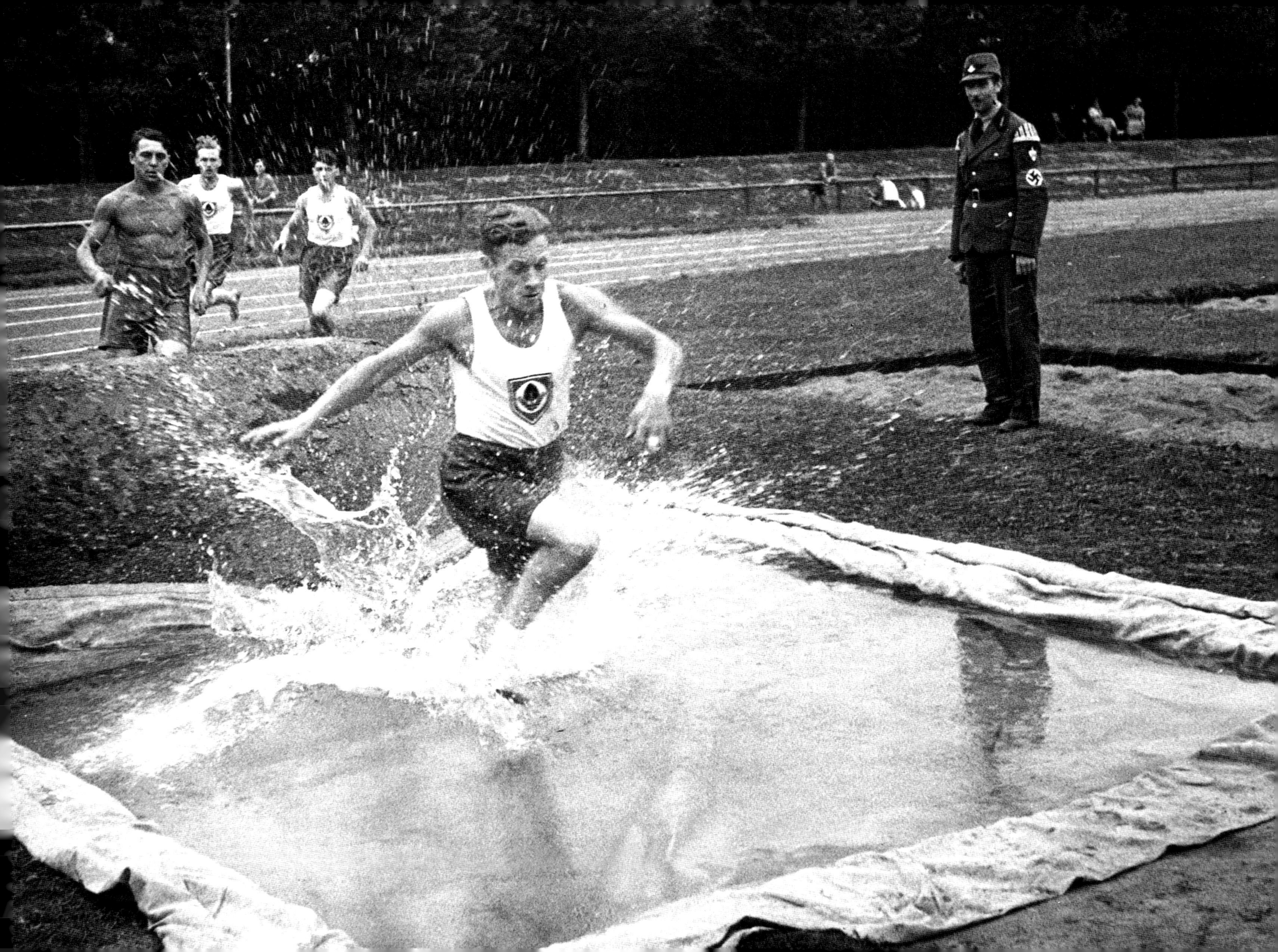

Organisatoren bei einer Leichtathletik-veranstaltung im Stadion, 1942.

1941 meldet die Tagespresse: »Köln, das in der Kriegszeit bisher mit bedeutenden Veranstaltungen aus naheliegenden Gründen etwas stiefmütterlich bedacht werden mußte, rückt allmählich als Austragungsort größerer Veranstaltungen wieder mehr in den Vordergrund.«[16] In diesem Jahr trafen unter anderem die Fußball-Nationalmannschaften Deutschlands und Ungarns in Köln aufeinander. Im März 1942 erließ der Reichssportführer die erste Regelung über den eingeschränkten Sportverkehr, die besagte, daß der überörtliche Sportverkehr nur auf den ortszuständigen Sportsgau beschränkt bleiben soll, bzw. der Reiseweg nicht länger als 50 km in eine Richtung sein durfte. Wenige Monate später wird diese Verordnung wieder aufgehoben. Eine Woche nach dem 1000-Bomber-Angriff auf Köln sprach der stellvertretende Sportgauführer des Gaues Köln-Aachen ein allgemeines Start- und Sportverbot für den 7. Juni 1942 aus.[17]

... bis es nicht mehr geht

Im Oktober 1944 erteilte der ehemalige Stadiondirektor Christian Busch »Anweisungen und Ratschläge für den Verein« in der Veröffentlichung des Reichssportführers. Verkleinerung der Mannschaften und des Spielfeldes, sowie Verkürzung der Spieldauer lauteten seine Hinweise für die Ballspiele. Unter der Überschrift »Haltet zusammen!« hieß die Devise: »Dies ist die Hauptforderung des Tages. Hierher gehört auch das den praktischen Turn- und Sportbetrieb umrahmende, einstmals so vielgestaltige, gesellige Vereinsleben. Wenn sich auch festliche Veranstaltungen von selbst verbieten, so verbleiben auch heute noch gelegentliche andere Möglichkeiten, ja, es sind für viele unserer Gemeinschaften im Lande, denen weder Turnhallen noch Übungsplätze zur Verfügung stehen, die einzigen.«[18] Zu diesem Zeitpunkt war das sportliche Leben in Köln bereits völlig zum Stillstand gekommen.

1 Historisches Archiv der Stadt Köln (HAStK), Bestand 671, Nr. 5, Bl. 89.

2 Festsetzung der Abgaben für Überlassung der Sportparkplätze an der Aachener Straße für Vereine und Verbände, in: HAStK, Bestand 671, Nr. 5.

3 HAStK, Bestand 671, Nr. 39, Bll. 1-2.

4 Brief von Billstein an den Oberbürgermeister vom 10.12.1924, in: HAStK, Bestand 671, Nr. 5. Vgl. Santel, Josef, Der Sport als Aufgabe der kommunalen Selbstverwaltung der Stadt Köln von 1888–1933. Magisterarbeit, 1991, S. 149.

5 HAStK, Bestand 671, Nr. 2. Das Folgende ebd.

6 Vgl. Bericht des Amtes für Jugendpflege und Leibesübungen über Funktion und Nutzen städtischer Sportförderung, in: HAStK, Bestand 610, Nr. 1, o.P.

7 Die Sportstadt Köln und ihr Stadion, Offizielle Bewerbungsschrift für die XI. Olympischen Spiele 1936, Köln 1930, S. 46. Das Folgende ebenda.

8 Thomas Deres, Die sportärztliche Beratungsstelle der Stadt Köln, in: Gabi Langen (Hg.), Vom Handstand in den Ehestand. Frauensport im Rheinland bis 1945, Köln 1997, S. 70-79.

9 Verwaltungsbericht der Stadt Köln 1933/1934, S. 58/59. Das Folgende ebenda.

10 Kölns Sportanlagen einst und jetzt, in: Westdeutscher Beobachter vom 22.5.1936.

11 Der Makkabi, 36 (1934) 8, S. 5 und 36. Der SC Hakoah wurde 1934 gegründet als Nachfolgeverein des ehemaligen Bar Kochba, der sich 1933 aufgrund seiner Nähe zur Sozialdemokratie und Arbeiterschaft selbst aufgelöst hatte, um seine Mitglieder vor dem Zugriff der SA zu schützen.

12 HAStK, Bestand 671, Nr. 44, Bl. 147.

13 HAStK, Bestand 671, Nr. 63, Bl. 134.

14 HAStK, Bestand 671, Nr. 21, Bll. 8-10.

15 Schreiben des Oberbürgermeisters von Koblenz an die Kölner Stadionverwaltung, in: HAStK, Best. 671, Nr. 44, Bl. 90.

16 Kölner Stadt-Anzeiger vom 17.3.1941.

17 Kölner Stadt-Anzeiger vom 6.6.1942.

18 Christian Busch, Anweisungen und Ratschläge für den Verein, in: NS-Sport (1944) 10, S. 3.

Der erste Stadiondirektor Christian Busch

Busch:
Sportler, Trainer ...

Christian Busch, geboren am 8. Januar 1880 in Wuppertal-Elberfeld, besuchte die dortige Oberrealschule. Hier traf er auf ein – zu dieser Zeit noch seltenes – sportbegeistertes Lehrerkollegium, das ein reges schulisches Turn- und Sportleben initiierte. Mit 14 Jahren trat Busch in die Elberfelder Turngemeinde ein, bereits mit 17 übernahm er die Leitung der Männerturnriege. Bei zahlreichen Wettkämpfen und Turnfesten errang er vordere Plätze, wobei er als hervorragender Mehrkämpfer galt. Im Gegensatz zu den eingefleischten Turnern, die den wettkampfmäßigen und leistungsorientierten leichtathletischen Disziplinen eher ablehnend gegenüberstanden, begeisterte Christian Busch sich auch für diese Form des »englischen« Sports. Der Höhepunkt seiner sportlichen Karriere dürfte die Teilnahme an den Olympischen Spielen 1904 in St. Louis gewesen sein. Gemeinsam mit neun anderen Turnern trat er die weite Reise nach Amerika als Vertreter des Deutschen Reichsausschuss der Olympischen Spiele (DRA) an, aber ohne die Erlaubnis der Deutschen Turnerschaft, die dem Unternehmen Olympische Spiele ablehnend gegenüberstand. Als Mitarbeiter und Beamter der Reichsbahn wurde er dank der guten Beziehungen zum DRA beurlaubt. Die Wettkämpfe fanden im Rahmen der Weltausstellung statt, 100 Aktive und 30 Zuschauer fanden sich an einem Nachmittag auf einem provisorisch angelegten Platz ein, um die Olympiasieger zu ermitteln.[1] Deutschland belegte in der Mannschaftswertung der Turner zwar den ersten Platz, aber da nur Vereinsriegen in die Wertung einbezogen wurden, siegte die Turngemeinde Philadelphia.[2]

Als Vereinsturnwart, Sportlehrer und Organisator von Turnfesten und Wettkämpfen innerhalb der Deutschen Turnerschaft, des Westdeutschen Spielverbandes und der Deutschen Sportbehörde für Leichtathletik gestaltete Busch vor dem Ersten Weltkrieg den Sportbetrieb maßgeblich mit.

... Direktor ...

Nach 1918 arbeitete der Reichsbahner Christian Busch bei der Friedrich-Alfred-Hütte in Duisburg-Rheinhausen. Seine Sportlehrertätigkeit in den Verbänden nahm er wieder auf. 1923 wurde er von Konrad Adenauer zum ersten Direktor des neuen Stadions in Köln berufen. Hier erwies er sich als einfallsreicher und praxisorientierter Leiter. Die Einrichtung der sogenannten »Stadionkurse«, die jedem Kölner Bürger auch ohne Vereinszugehörigkeit erlaubten, am Sportbetrieb im Stadion teilzunehmen, wurden ein großer Erfolg. Das Stadion wurde unter seiner Führung zu einer ständig belebten Sportstätte für jedermann, aber auch zu einem Ort, an dem die glanzvollen Großereignisse der 20er und 30er Jahre mit einer aufsehenerregenden

Stadiondirektor Christian Busch mit japanischen Sportlern im Kölner Stadion, um 1928.

Präzision abliefen. Als Trainer arbeitete er mit talentierten Leichtathleten, wie z. B. dem Weitspringer Rudi Dobermann (Marienburger Sportclub) oder dem Hürdensprinter Fritz Nottbrock (Akademischer Sportverein Köln). Seine Tochter Grete Busch trat in die Fußstapfen des Vaters. Als Leiterin einiger Stadionkurse und ambitionierte Trainerin gehörte sie zu den wenigen Frauen in den 30er Jahren, die sich im Sport engagierten. 1928 übernahm Busch die Leitung des Stadtamtes für Leibesübungen.

… Generalinspekteur und Reichssportwart

1933 wurde Christian Busch als Stadiondirektor von den Nationalsozialisten abgesetzt. Kurze Zeit später erhielt er allerdings vom Reichssportführer Hans von Tschammer und Osten den Auftrag, als Generalinspekteur für die Olympischen Sommerspiele in Berlin 1936 Training und Vorbereitung der deutschen Athleten zu organisieren. Diese Aufgabe war ihm bereits für die Olympischen Spiele 1916 anvertraut worden, und auch nach dem Krieg arbeitete er an einem Konzept zur Sichtung, Auswahl und Vorbereitung der Olympiamannschaft zwecks Optimierung ihrer Leistungsstärke. Die sportlichen Erfolge Deutschlands bei den Olympischen Spielen 1936 verliehen Hitler und den Nationalso-

zialisten das gewünschte Prestige in der Welt. Für die geleistete Arbeit erhielt Busch entsprechende Anerkennung durch die Verleihung der Hans-Braun-Medaille (1937) und durch die Ernennung zum Reichssportwart des Nationalsozialistischen Reichsbundes für Leibesübungen. In Köln war Busch inzwischen offiziell pensioniert.

Nach dem Zweiten Weltkrieg wurde Busch von der britischen Besatzungsarmee als Trainer in Iserlohn eingesetzt. Seinen Ruhestand verbrachte Busch in der Heimatstadt Wuppertal. Von dort verfolgte er das sportliche Geschehen, veröffentlichte einige Schriften, übernahm jedoch keine offiziellen Funktionen mehr. Im hohen Alter von 97 Jahren starb Christian Busch am 31. März 1977 in Solingen. In den zahlreichen Nachrufen werden seine Verdienste um das Kölner Stadion, aber auch die sportlichen Erfolge von 1936 hervorgehoben. Wie viele andere, so hat auch Christian Busch als herausragende Persönlichkeit mitgeholfen, den Sport im Sinne der nationalsozialistischen Ideologie zu mißbrauchen, auch wenn dies im eigenen Bewußtsein oft nicht reflektiert wurde.

---

1 In der Einzelwertung belegte er im Zwölfkampf im Turnen den neunten Platz.

2 Willi Schwarz, Christian Busch. Olympische Erinnerungen, in: Wir im Sport, 1964, S. 3-7.

Leichtathletik-Länderkampf Deutschland gegen Finnland in Köln, 1928.
Von links nach rechts: Christian Busch, Urho Kekkonen, späterer Staatspräsident von Finnland, und Karl Ritter von Halt, Vorsitzender der Deutschen Sportbehörde für Leichtathletik und ab 1929 Mitglied des IOC.

Christian Busch (links) mit deutschen Olympiateilnehmern bei einer Segelfahrt in Kiel, 1936. Neben ihm der Kölner Olympiasieger Toni Merkens.

Sportlehrer Christian Busch (sitzend, mit Hemd) mit Soldaten der englischen Besatzung in Berlin, 1946.

»Ich habe die Hoffnung, daß wir heute die Stadionfrage lösen ...«

Das Stadion als Thema kommunaler Sportpolitik nach 1945

Mit diesen Worten begann der sportpolitische Sprecher der SPD-Fraktion, Franz Wendland, die Aussprache im Rat der Stadt Köln über den Neubau der Hauptkampfbahn im Müngersdorfer Stadion im Juli 1969. Doch die Hoffnung wurde enttäuscht. Das Stadion blieb, was es seit 1949 war: ein kontrovers diskutiertes Thema der Kölner Kommunal- und Sportpolitik. Zur Debatte stand die Frage, ob das Stadion den jeweiligen Anforderungen der Zeit genüge und wie Verbesserungen erreicht werden könnten. Es ist naheliegend, daß die städtischen Finanzen und die Kosten für Um- oder Neubau des Stadions in der Diskussion die entscheidende Rolle spielten. Erst mit dem Neubau der Hauptkampfbahn 1975 kehrte vorläufig Ruhe in dieser Frage ein.

Ein trauriges Trümmerfeld

Direkt nach dem Krieg jedoch hatten die Stadtvertreter andere Sorgen. Im Vordergrund stand die Versorgung der Bevölkerung mit dem Lebensnotwendigen. Die Verwaltung mußte von neuem aufgebaut werden, damit der Alltag wieder in geregelten Bahnen verlaufen konnte. Die Instandsetzung der Kölner Sportanlagen, die bis zu 80% zerstört waren, hatte daneben keine Dringlichkeit. Doch bei der in die Stadt zurückströmenden Bevölkerung erwachte der Sportgeist wieder schnell. In den ersten beiden

Luftbild des Kölner Stadiongeländes, 22. März 1945.

Jahren gelang es dem Amt für Leibesübungen unter Mithilfe der neugegründeten Vereine 16 Fußball-, 7 Leichtathletik-, 3 Hockey- und 7 Tennisplätze wiederherzurichten.[1] Hoffnungslos zu dieser Zeit war aber die Situation des Hallensports. Von den über 90 Hallen, die noch vor dem Krieg existierten, konnten nur noch sieben genutzt werden.

Stadioneingang, um 1948.

Die britische Armee als großzügiger Verhandlungspartner

Das Stadion in Müngersdorf hatte die britische Militärregierung, die am 24. Juni 1945 die amerikanische Besatzungsmacht ablöste, beschlagnahmt. Die Kölner Bevölkerung durfte die Anlage aber trotz der Beschlagnahmung nutzen, was sie auch reichlich tat. Nur etwa ein Prozent der Stadionnutzung entfiel auf die britische Armee. So war es nur folgerichtig, daß der Kommandant der Militärregierung White den Vorschlag machte, das Stadion in die Verwaltung der Stadt zurückzuführen, die ohnehin die Stadionangestellten bezahlte und 15% der Eintrittsgelder einnahm. Die Stadtverwaltung zögerte nicht lange und nahm das Angebot der Briten an. Die gestellten Bedingungen waren akzeptabel:

1. *Die bisherigen Reparaturkosten für die Wiederherstellung des Stadions in Höhe von rd. RM 150 000,- werden von der Stadt Köln übernommen.*
2. *Den alliierten Soldaten stehen im Stadion das Schwimmbecken Nr. 2 und 2 Tennisplätze ständig kostenlos zur Verfügung.*
3. *Die Cricket-, Basket- und Rugbyplätze auf den großen Wiesen vor der Hauptkampfbahn werden nicht für Fussballspiele benutzt, damit die besonders gepflegten Spielflächen den Alliierten für diese Spiele zur Verfügung stehen.*
4. *Auf Wunsch werden alle übrigen Sportplätze*

für Sonderveranstaltungen den alliierten Soldaten zur Verfügung gestellt. Die Ueberlassung ist rechtlich mindestens 4 Wochen vorher bei der Stadionverwaltung zu beantragen. Die Bereitstellung erfolgt kostenlos. Sonderaufwendungen für besondere Herrichtung und Gestaltung für Aufsichts- und Kontrollpersonal werden von den Benutzern an die Stadionverwaltung vergütet.

5. *Sergt. Davison verbleibt im Stadion als Beauftragter der Mil. Reg., um die Verhandlungen zwischen alliierten Dienststellen und der Stadtverwaltung zu vermitteln und die reibungslose Abwicklung des Sportverkehrs zu gewährleisten.* [2]

Am 1. August 1946 übernahm die Stadt das Stadion. Es war durch 93 Bomben- und Granateinschläge stark beschädigt, und angesichts des knappen, meist nur für Wohnungen und Versorgungseinrichtungen zur Verfügung stehenden Baumaterials war es von Vorteil, daß die alliierten Truppen das Stadion wieder in einen halbwegs benutzbaren Zustand gebracht hatten. Wenn auch die West-, die Arkadenhallen und Teile der Tribünen noch in Trümmer lagen, so waren doch sämtliche Anlagen wieder wettkampffähig gemacht worden. Als die Stadt 1948 das 25jährige Bestehen des Stadions mit einer Festwoche vom 3. bis 11. Juli feierte, verwiesen die beteiligten Redner mit Stolz auf die sportliche Bedeutung des Stadions für Köln und Deutschland. Die Einrichtung der Deutschen Sporthochschule im Stadion, die am 29. November 1947 ihren Lehrbetrieb aufnahm, sicherte die besondere Stellung der Kölner Anlage auch für die Zukunft. Kritik war anläßlich dieses Jubiläums an keiner Stelle zu vernehmen.

Hoffnungsvolle Planung des Wiederaufbaus

Die ersten Überlegungen, die Müngersdorfer Hauptkampfbahn zu verändern, wurden 1949 publik. Geplant war eine Vergrößerung der rund 60 000 Menschen fassenden Anlage auf ca. 100 000 Plätze durch eine Erweiterung der umlaufenden Tribünenterrassen. Die Umbauung sollte auch zusätzlichen Raum für die in den Arkadenhallen untergebrachte Sporthochschule bieten,[3] aber dieser Plan wurde fallengelassen. Der Direktor des Sportamtes Johannes Sampels schlug vor, in der Hauptkampfbahn Nottribünen für rund 7000 Besucher einzurichten. Die Über-

Festzeitung »25 Jahre Kölner Stadion«, 1948.

legungen scheiterten letztendlich am Widerstand der Stadtkonservatorin Dr. Hanne Adenauer, da »eine Beseitigung des Baumbestandes für 1- oder 2-malige Veranstaltung nicht hingenommen werden« könne.[4]

Zur selben Zeit wurden Stimmen laut, die statt der Verbesserung des alten Stadions den Bau einer völlig neuen, ausschließlich für Fußballspiele geeigneten Sportarena forderten. Professor Rudolf Schwarz, der die Planung des Wiederaufbaus in Köln leitete, sollte auf Anweisung von Oberstadtdirektor Suth die Möglichkeit für eine solche Anlage im rechtsrheinischen Köln prüfen.[5] Er schlug daraufhin das Kiesgrubengelände in der Nähe des Mülheimer Rings/Fort XI vor. Dieser Standort hatte Vorteile: Das Gebiet gehörte der Stadt und war verkehrstechnisch sehr günstig gelegen. Der Sportausschuß des Rates stimmte jedoch im Mai 1951 gegen die »Herrichtung eines Gross-Stadions auf der rechten Rheinseite«. Statt dessen forderten die Stadtverordneten die Verwaltung auf, die Planung eines Fußballstadions auf dem Gelände des Reitplatzes aufzunehmen. Wegen der Nähe zum alten Stadion und der schon bestehenden Infrastruk-

Werbung Gaststätte »Kuckuck«. Der Stadtverordnete Theo Rimek beklagte 1947, daß »sich noch immer keine Gaststätte im Stadion befindet.« Wenige Jahre später eröffnete die Gaststätte »Kuckuck, Stadion Köln«. Ein Brand in der Nacht vom 25. zum 26. Dezember 1982 zerstörte das Landhaus Kuckuck, das Ende der 80er Jahre wieder aufgebaut werden konnte. Heute führt es den Beinamen »im Kölner Stadtwald«.

tur galt dieser Standort als besonders geeignet. Diese Absicht mahnte die CDU-Fraktion des Stadtrates ein Jahr später noch einmal an und wurde von der FDP-Fraktion im Juli 1952 unterstützt, obwohl letztere für den Ausbau der Hauptkampfbahn im Stadion plädierte. Sie sollte auf ein Fassungsvermögen von 100 000 Zuschauern erweitert werden.[6]

Noch einmal wurde ein anderer Standort in Betracht gezogen. Die Verwaltung schlug 1953 vor, die Fußballgroßkampfbahn in Köln-Bickendorf zu bauen, denn die Zuschüttung einer Kiesgrube und die Verwendung von Trümmerschutt für die zum Tribünenaufbau notwendigen Wallarbeiten hätten es ermöglicht, die Kosten niedrig zu halten.[7] Dagegen erhoben die SPD und nun auch die FDP Einspruch, weil sie keine Notwendigkeit sahen, zwei Stadien in Köln zu unterhalten. Die alte Hauptkampfbahn in Müngersdorf würde nur noch ein- bis zweimal im Jahr für Leichtathletik-Veranstaltungen genutzt und stünde ansonsten leer. Besser sei es, die Hauptkampfbahn zu vergrößern.

Die Entscheidung wird vertagt ...

In der Diskussion um das Stadion in Müngersdorf standen konträre Meinungen gegenüber. Einerseits wurde von allen Parteien die Notwendigkeit einer Vergrößerung des Platzangebotes – insbesondere im Hinblick auf die sehr populären Fußballveranstaltungen mit über 60 000 Besuchern – gesehen. Andererseits konnte man sich nicht entscheiden, ob ein reines Fußballstadion errichtet oder die Hauptkampfbahn vergrößert werden sollte. Fehlender politischer Wille und Rücksicht auf die noch bestehende Not der Kölner Bevölkerung verhinderten den Beschluß, die benötigte Summe von mindestens 6 Millionen DM aus der ohnehin knappen Finanzkasse der Stadt für den Stadionbau zu verwenden. Dieser Betrag – so der FDP-Stadtverordnete Jacobs – sollte eher in den Wohnungsbau fließen. Letztendlich wurde in den 50er Jahren keines der Stadion-Projekte verwirklicht. Lediglich der Bau einer Flutlicht-

---

Das Stadion der Stadt Köln

Das Stadion der Meisterschaften und Länderkämpfe

Gesamtgröße 150 ha, Hauptkampfbahn und Radrennbahn mit Flutlicht, 4 Kampfbahnen, 28 Tennisplätze, Spiel- und Vorführwiesen 17,5 ha, Aufmarschfeld 25 ha, 1 Schwimmbad mit 3 Becken, Hockey- und Basketballplätze, 6 Turnhallen, 1 Tennis- und 1 Reithalle, 1 Reitturnierplatz.

Benutzungsziffern 1955:

240 000 akt. Sportler u. Schulen, 330 000 Badegäste, 585 000 Zuschauer

Werbung Müngersdorfer Stadion, 1955.

Medaille der Stadt Köln »Für Sportliche Leistungen«, um 1950.

anlage im Jahr 1957 und die weitere Instandsetzung der Arkadenhalle konnten ohne großen politischen Streit die Attraktivität des Müngersdorfer Stadions steigern. Ein dringender Handlungsbedarf für eine große Sportarena bestand im Vergleich zu den Stadien anderer Städte tatsächlich nicht. Köln gehörte mit Berlin, Düsseldorf, Frankfurt, Hamburg, Hannover, Kiel und Ludwigshafen zu den Städten mit Stadionanlagen für 60 000 und mehr Besucher.

... mit positivem Effekt, denn statt großer Projekte wird jetzt Basisarbeit großgeschrieben

Die Zurückhaltung der Kölner Kommunalpolitiker bezüglich einer positiven Entscheidung über die Verbesserung der vorhandenen Großsportanlage hatte ihren wesentlichen Grund in der sportpolitischen Prioritätsetzung. Die Schaffung von Sport- und Spielplätzen als Breitensportanlagen stand eindeutig an erster Stelle. Der Deutsche Städtetag hatte 1950 mit dem Hinweis auf die gesundheitliche und sozial disziplinierende Bedeutung vor allem für die Jugend gefordert, 4 qm Spiel- und Sportfläche und 0,1 qm Hallenfläche pro Kopf der Bevölkerung zu schaffen. Dieses Ziel bekräftige der Städtetag 1958 mit den »Leitsätzen für die kommunale Sportpflege«, in deren Präambel es hieß:

»Richtig betriebene Leibesübungen tragen wesentlich zur geistigen und körperlichen Gesunderhaltung des Volkes bei. Es gehört deshalb zu den Aufgaben der Gemeinden, Leibesübungen zu *fördern. Es gilt nicht nur für eine ausreichende Zahl von Sport- und Übungsstätten zu sorgen und denen, die bereits Sport treiben, behilflich zu sein, vielmehr sind die im Turnen, Spiel und Sport liegenden gesundheitlichen und erzieherischen Werte allen Kreisen der Bevölkerung zugänglich zu machen.«* [8]

In Köln aber war man noch weit von dieser formulierten Absicht entfernt. Tatsächlich fehlten hier trotz großer finanzieller Anstrengungen der Stadt Vereinssportplätze und -hallen. So war zwar die Zahl der Sportanlagen zwischen 1947 und 1956 von 75 auf fast 300 gestiegen, erreichte aber nicht den Vorkriegsstand. Das Sportamt mußte feststellen, daß die »Sportplatznot« – es fehlten nach den Richtlinien des Städtebundes 1 Million qm Spielfläche – zu einem Rückgang der Vereine beitrug.[9]

Oberbürgermeister Theo Burauen befürwortete klar und deutlich die Errichtung von Spielplätzen und »das Bauen von Sportplätzen für den praktischen Betrieb der Vereine und der Bevölkerung,« statt mit erheblichem Aufwand den Bau eines Großstadions zu verwirklichen.[10] Der Oberbürgermeister befand sich damit in Übereinstimmung mit den meisten Kölner Bürgern, wie eine Meinungsumfrage zeigte, die das Allensbacher Institut für Demoskopie für den Kölner Stadt-Anzeiger durchführte. Eine Mehrheit von 51% der Befragten wollte, daß zuerst genügend Sportplätze in den einzelnen Stadtteilen gebaut werden, nur 28% waren der Meinung, Köln bräuchte ein Großstadion, damit die Stadt in Konkurrenz mit anderen bei der Vergabe sportlicher Veranstaltungen nicht zu kurz komme. Unter den sportlich Interessierten war die Präferenz für die Vereinssportplätze mit fast 60% noch ausgeprägter.[11]

Mit großem Elan wird die Anzahl der Sportstätten erhöht

Die sportpolitische Entscheidung und der Wunsch der Mehrheit brachte zu Anfang der 60er Jahre die ersten Erfolge. Allein die Zahl der Sportstätten stieg auf 502 im Jahr 1960 und weiter auf 681 im Jahr 1965 an, davon 195 Hallenanlagen incl. Schwimmbäder.[12] Der Bau des Leichtathletikplatzes für die Kölner Turnerschaft, der Bezirkssportanlage in Weidenpesch oder der Sporthalle in der Everhardstraße waren nur drei der unzähligen Projekte, mit denen die gesamte Sportfläche in Köln auf über 5 Millionen qm anstieg. Die meistbenutzte (Vereins-)sportanlage war aber weiterhin das Stadion. Auf den 17 Laufbahnen und Spielfeldern sowie den 6 Hallen trainierten insgesamt 113 Vereine in zum Teil dicht gedrängter Abfolge. Davon waren 12 Fußball-, 8 Schwimm-, 5 Leichtathletikvereine, weitere für Radsport, Schwimmen oder Turnen und – besonders auffallend – 63 Betriebssportgemeinschaften.[13] Allein die seit 1946 wieder eingeführten Stadionkurse zogen jährlich mehrere Tausend Kölner Bürger an. Die Gesamtzahl der Teilnehmer am Übungsbetrieb erreichte Höchstwerte von rund 250 000.[14]

Das Stadion-Schwimmbad gehört zu den attraktivsten Freibädern in Köln. Pro Jahr kamen bis zu 500 000 Besucher hierher. Nach langer Diskussion um die Frage, ob die Renovierung oder ein völliger Neubau preisgünstiger sei, wurde das Freibad 1984 umgebaut. Auf die gestiegenen Anforderungen der Besucher nach mehr »Spaß« wurde 1993 eine doppelläufige Riesenwasserrutschbahn eingebaut.

Doch der Wunsch nach einem großen Stadion bleibt weiter bestehen...

Trotz der sportpolitischen Festlegung blieb die Problematik des Stadions bestehen und zog Anfang der 60er Jahre starke parteipolitische Gegensätze nach sich. Anlaß war zunächst die Veränderung der Wettkampfbedingungen für Leichtathletik, die eine Verkürzung der Laufbahn von 500 m auf 400 m vorschrieb, sowie die herausragende Stellung des 1. FC Köln, der seit 1958 ununterbrochen im Endspiel um die Westdeutsche Fußballmeisterschaft stand und eine enorme Popularität in Köln genoß. Franz Kremer, der umtriebige Vorsitzende des 1. FC Köln und als Befürworter des reinen Profisports Initiator der Fußballbundesliga, verlangte seit Jahren den Umzug seines Clubs aus dem Stadion in eine neu zu errichtende Fußballarena.

... und entfacht von neuem eine lebhafte Diskussion um die Stadion-Modernisierung

Der christdemokratische Oberstadtdirektor Max Adenauer hatte in seiner Haushaltsrede 1960 den Anstoß für die erneute Diskussion gegeben. Er sei der Auffassung, »daß nunmehr der Zeitpunkt gekommen ist, um die Hauptkampfbahn des Stadions in einer den Notwendigkeiten entsprechenden Weise umzubauen.«[15] Auch die Kölner CDU forderte öffentlich den dringenden Umbau der Hauptkampfbahn, »um leichtathletisch auch bei internationalen Wettkämpfen und Länderkämpfen berücksichtigt zu werden.«[16] Dabei sei die Trennung der Sportarten unerläßlich und nach den Vorbildern in Bern und Mailand ein reines Fußballstadion auf der Jahnwiese oder dem Stadion-Nordfeld zu bauen. Die Kosten dieses 70 000 bis 90 000 Besucher fassenden Stadions bezifferte die CDU auf rund 8 Millionen DM. Oberstadtdirektor Adenauer übernahm dieses Ansinnen und argumentierte, daß für die Zeit des Stadion-Umbaus ein zweites Stadion geschaffen werden sollte, das kein Provisorium sein dürfe, sondern mit Rücksicht auf das ständige Anwachsen der Kölner Bevölkerung und der zu investierenden Gelder ein endgültiges.[17] Obwohl der sozialdemokratische Oberbürgermeister Theo Burauen spontan seine Zustimmung äußerte, lehnte seine Partei den Bau eines neuen Fußballstadions mit Hinweis auf das Urteil des Leiters der Sportstättenberatungsstelle an der Deutschen Sporthochschule, Friedel Roskam, ab.[18] Eine derartige finanzielle Unterstützung von einem oder höchstens zwei Fußballvereinen durch die Stadt hätte eine Neuerung dargestellt, die in keiner Weise zu rechtfertigen sei. Die Kölner SPD-Fraktion verteidigte das Müngersdorfer Stadion als Mehrzweckanlage, wollte aber, da insbesondere die Tribünenanlagen, das Fassungsvermögen und die Wettbewerbsvoraussetzungen ungenügend waren, die Hauptkampfbahn modernisieren. Die Stadtverwaltung war in einer Denkschrift zum gleichen Ergebnis gekommen. Eine Mehrzweckanlage – so urteilte sie – hätte den Vorteil, daß die Bau- und Betriebskosten geringer ausfallen als bei zwei getrennten Stadien.[19]

Vielseitige Mehrzweckanlage …

Die SPD fand auch beim Vorstand des »Zweckverbands für Leibesübungen Groß-Köln« Unterstützung für ihre Ziele. Er empfahl am 16. November 1961 dem Rat der Stadt Köln, »die jetzige Hauptkampfbahn so zu modernisieren und umzubauen, daß sowohl Fußball als auch Leichtathletik mit einem entsprechenden Fassungsvermögen zu ihrem Recht kommen.«[20]

Zeitungsausschnitt der »Spätausgabe« zur Diskussion über den Abriß oder die Modernisierung der Hauptkampfbahn, 13. September 1961.

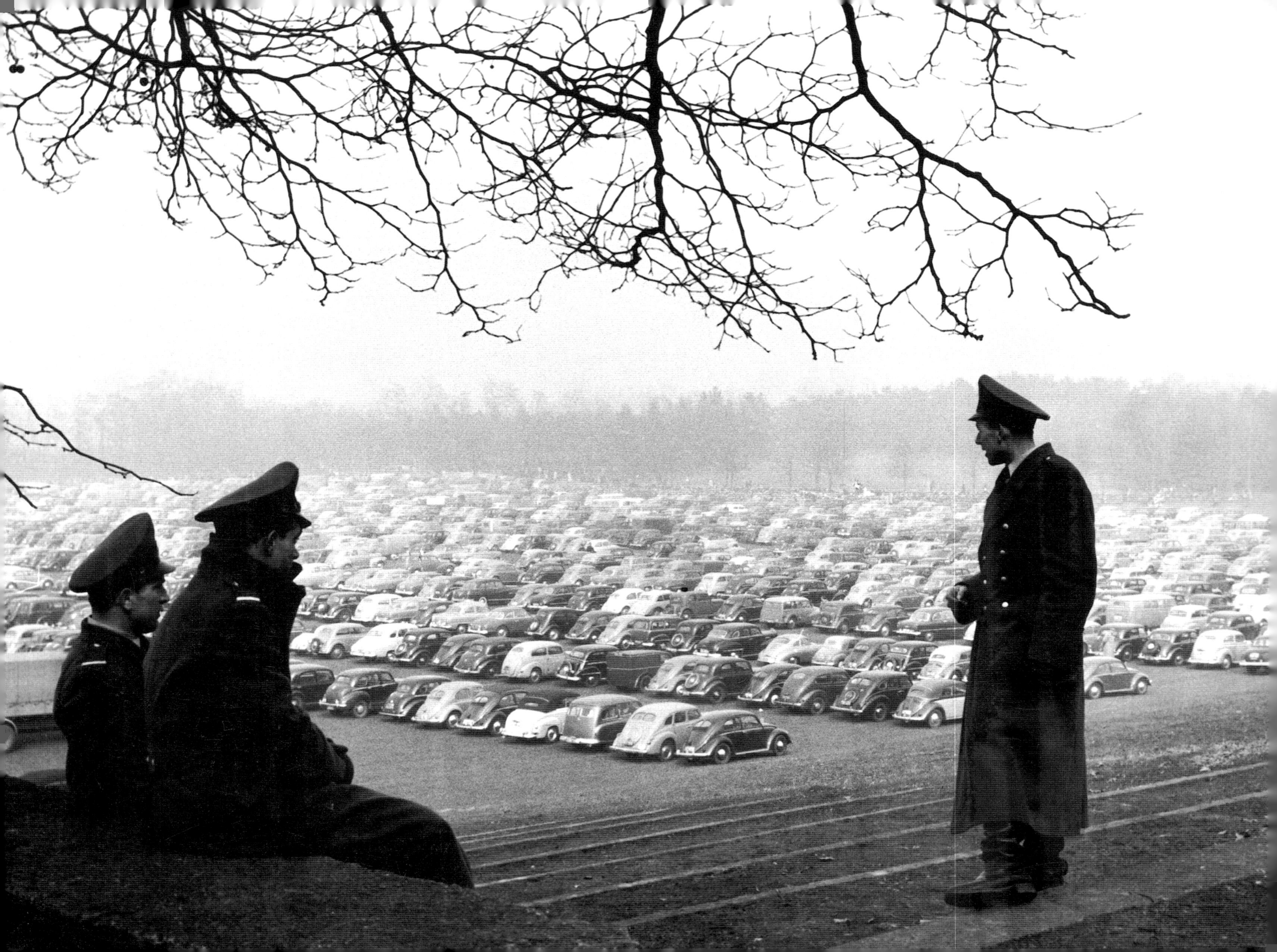

Für diesen Beschluß war die Lösung des Verkehrsproblems ausschlaggebend. Der Zweckverband rechnete vor, daß für 80 000 Besucher ca. 20 000 Parkplätze notwendig würden. Da geplant war, das Fußballstadion auf der Jahnwiese zu errichten, die bis dahin als Parkplatz diente, würden die entsprechenden Abstellplätze fehlen. Zudem müßten bei Inanspruchnahme der Jahnwiese sechs Fußballplätze mit einem Umkleidegebäude auf das Nordfeld verlegt werden, was mindestens 1 Million DM kosten würde und zu einem weiteren Wegfall von Parkplätzen führen würde.

... oder reines Fußballstadion?

Die CDU unterlag mit ihrer Forderung nach einem reinen Fußballstadion. Nachdem im Februar 1962 die Verkürzung der Laufbahn auf 400 m beschlossen worden war, entschied der Sportausschuß im April 1962 mit den Stimmen von SPD und FDP, die Verwaltung mit der Planung für den Umbau der Hauptkampfbahn zu beauftragen. Diese ca. 10 Millionen DM teure Maßnahme sah neben der Verbesserung der Flutlichtanlage, der Einrichtung von umlaufenden Gräben für die Fotoreporter eine Vergrößerung des Fassungsvermögens auf 74 400 Plätze vor, von denen 22 700 überdacht werden sollten.[21] Dieses Projekt scheiterte in den folgenden Jahren an der städtischen Finanznot und dem Widerstand des 1. FC Köln, der sich wegen der Verlegung seiner Spiele in die Radrennbahn gegen einen Umbau der Hauptkampfbahn ausgesprochen hatte. Statt dessen schlug die CDU vor, im Stadion eine Stahlrohrtribüne zu installieren, mit der ab September 1963 zusätzlich 4700 Sitzplätze geschaffen werden konnten.

Die Diskussion um ein Fußballstadion wollte aber kein Ende finden. Die SPD kündigte im Rat der Stadt eigene Vorschläge an, »die mit allen in Frage kommenden Kreisen abgestimmt werden müssen«. Hierzu gehörte vor allem der 1. FC Köln, für den inzwischen der Architekt Hans Schulten den Plan für den Umbau der Hauptkampfbahn erarbeitet hatte. Grundlage der weiteren Planung aber sollte der Entwurf eines vollüberdachten, reinen Fußballstadions für 75 000 Zuschauer werden, das nach Berechnungen Schultens 16 Millionen DM kosten würde. Dieser Kostenrahmen war nach Meinung des städtischen Hochbauamtes nicht realistisch, das Amt errechnete Mehrkosten in Höhe

Fotoreporter im neu angelegten Graben bei einem Fußballspiel, 1959.

Tribüne in der Hauptkampfbahn, 1963.

linke Seite: Parkende Autos auf den Jahnwiesen beim Fußball-Länderspiel Deutschland gegen Österreich am 22. März 1953.

Architekt Hans Schulten.
Bild: Spielmans

Seit fünf Jahren plant er das Stadion

Er entwarf den Plan für den Bau des neuen Stadions, das durch den Umbau der alten Müngersdorfer Hauptkampfbahn entstehen soll: Architekt Hans Schulten, VfA. Für ihn gilt ein Stadion, das überdachte Zuschauerränge und genügend Sitzplätze hat, als Existenzfrage für den Fußballklub, dem er mit Begeisterung angehört, dem 1. FC Köln. „Erst dann kommen die Zuschauer, wenn sie geschützt vor Regen sind und wenn sie auch Gelegenheit zum Sitzen haben", meint er. Eine genügend große Zahl von Sitzplätzen bedeute auch, daß die Eintrittspreise gesenkt werden können. Schulten, 56, hat in den dreißiger Jahren aktiv als Stürmer für Sülz 07, einen der Vorgänger des 1. FC Köln, gespielt. Und aus Freude am Fußballsport hat er nach dem Krieg oft in der Alt-Herren-Mannschaft des 1. FC Köln gekickt. Für seinen Verein plante er das Klubhaus „Zum Geißbock" und das neue Amateurstadion, das dem Klubhaus benachbart ist. Seit fünf Jahren und in enger Zusammenarbeit mit dem vor einiger Zeit gestorbenen FC-Vorsitzenden Franz Kremer befaßt sich Hans Schulten mit dem Bau eines Stadions, in dem der 1. FC Köln seine Spiele austragen kann. f.

Kölner Stadt-Anzeiger, 3.5.1968.

von 2,5 Millionen DM. Trotzdem entschied der Rat, an diesem Projekt weiterarbeiten zu lassen, das auf den Jahnwiesen oder der Fläche des Radstadions verwirklicht werden sollte. Die Frage der Finanzierung jedoch brachte 1966 das vorläufige Aus für das erste Schulten-Stadion. Nicht nur die fehlenden Mittel der Stadt selbst, auch die geringen Zuschüsse des Landes Nordrhein-Westfalen und die Absage des 1. FC Köln, sich an den Kosten zu beteiligen, führten zur Feststellung des Vorsitzenden des Sportausschusses Friedel Haumann von der CDU: »Es wäre barer Unsinn, ... noch vom Neubau eines Fußballstadions zu sprechen.«[22]

Die anstehende Fußballweltmeisterschaft entscheidet alle Fragen!

Nach dem jahrelangen Hin und Her in der Stadionfrage, das letztlich kein Ergebnis brachte, markierte die Entscheidung des Internationalen Fußball Verbandes (FIFA), die Fußballweltmeisterschaft des Jahres 1974 in Deutschland auszutragen, einen Wendepunkt. Die Stadt Köln bewarb sich im Oktober 1967 offiziell als Austragungsort und war damit gezwungen, den Bau einer den Anforderungen des Deutschen Fußball Bundes (DFB) entsprechenden Wettkampfstätte zu betreiben, wenn sie nicht den Konkurrenten Dortmund, Duisburg, Düsseldorf oder Gelsenkirchen unterliegen wollte.

Vergrabene Pläne werden aus der Versenkung geholt

In dieser Situation griff der Rat auf die Entwürfe von Hans Schulten zurück. Am 30. Mai beauftragte man ihn, »die Planung des Stadionumbaues auf der Grundlage des von der Verwaltung erstellten Raumprogramms« weiterzuführen.[23] Die beiden Fraktionen im Stadtrat, die diesen Beschluß gemeinsam gefaßt hatten, mußten sich jedoch der Kritik stellen. Gegen sie richtete sich der Vorwurf, die Planung dieses großen Bauvorhabens ohne die sonst übliche Ausschreibung eines Architektenwettbewerbs zu vergeben. Doch schon einmal hatte die Stadtverwaltung die Beauftragung von Schulten rechtlich überprüfen lassen, nachdem Einwände des Bundes Deutscher Architekten gegen die Auftragsvergabe höchst erfolgreich zu einer Absetzung von der Tagesordnung des Rates geführt hatten. Die Ratsmitglieder selbst verwiesen rechtfertigend auf den Zeitdruck, unter dem die Planung für das Stadion, das im Herbst 1973 eröffnet werden sollte, stand. Im Falle eines Wettbewerbes würden die terminlichen Vorgaben des DFB nicht eingehalten werden können. Der von Schulten im Oktober 1968 vorgelegte Entwurf veranlaßte die Kölner Kommunalpolitiker zu begeisterten Äußerungen.[24] Man war sich darüber einig, daß die »Schüssel« mit rund 80 000 überdachten Plätzen »eine der schönsten Anlagen in Europa« sei und »die Attraktivität unserer Stadt weiter erhöhen ... die Wirtschaftskraft unserer Stadt doch beeinflussen wird«. Selbstbewußt konnte behauptet werden: »Eine Großstadt in der heutigen Zeit ohne moderne Großkampfanlage, wird nie eine Großstadt sein.« Oberbürgermeister Burauen freute sich, daß Köln nach dem Bau des Stadions in den 20er Jahren »den zweiten Schritt in eine neue Sportepoche« setze. Für die Eröffnung des Stadions plante die CDU schon, das Deutsche Turnfest im Jahr 1973 in Köln stattfinden zu lassen.

Ob »Bügeleisen« ...

Die Euphorie wurde im Juli 1969 jäh enttäuscht. Das Hochbauamt schätzte die ursprünglich veranschlagten Baukosten von 23,5 Millionen DM inzwischen auf über 50 Millionen DM, so daß sich der Rat gezwungen sah, das Raumprogramm zu reduzieren und ein Kostenlimit von 33 Millionen zu setzen.[25] Obwohl an Schulten festgehalten wurde, zeigte sich erstes Mißtrauen gegen seine Fähigkeiten, kostenbewußt zu planen. Infolgedessen wurde in den Beschluß des Rates aufgenommen, daß der Architekt Dr. Gerd Lohmer als Berater für die weitere Planung hinzugezogen und das Institut für Sportstättenbau beteiligt werden sollten. Die Politiker waren gewillt, dem Schulten-Stadion, das wegen seines in zwei Spreizbeinen auslaufenden Stahlträgers den Beinamen »Bügeleisen« erhalten hatte, als ihrem »gemeinsamen Kind« zu

Modell des Schulten-Stadions. Der 1965 zur Diskussion gestellte Entwurf des Kölner Architekten Hans Schulten zeichnete sich durch eine transparente Zeltdachkonstruktion aus. Der usprüngliche, die Längsachse überspannende Bogen war nach der Überarbeitung im städtischen Hochbauamt zum Boden hin nicht mehr gespreizt.

einer glücklichen Geburt zu verhelfen. Daran konnte auch der im Oktober 1969 von der Firma Klöckner-Humboldt-Deutz und der Essener Firma Hochtief gemeinsam erarbeitete Entwurf nichts ändern, mit dem der Stadt ein vollüberdachtes Stadion zum Festpreis von 33 Millionen DM angeboten wurde.

… oder »Flitzebogen«: Die Finanzierung bereitet große Sorgen!

Die Baukosten blieben das zentrale Problem. Der Hochbaudezernent Baecker mußte nach einem knappen halben Jahr bekannt geben, daß auch das überarbeitete Stadionmodell rund 46 Millionen DM kosten werde und die gewagte Dachkonstruktion des Mittelbogens mit einem an Stahlseilen befestigten durchsichtigen Zeltaufbau technische Schwierigkeiten bereite. Doch die Mehrheit im Rat der Stadt wollte nicht mehr von ihrem einmal gefaßten Beschluß abweichen und hob am 12. März 1970 nach einer hitzigen Debatte das Kostenlimit wieder auf.[26] Der »Flitzebogen« – so wurde das Modell nach der Überarbeitung durch Gerd Lohmer und dem Verzicht auf die Spreizbeine des Mittelbogens genannt – sollte auf jeden Fall gebaut werden.

Doch es begann sich Widerstand zu formieren. Teile der CDU-Fraktion und die nach fünfjähriger Abwesenheit wieder im Rat vertretene FDP wehrten sich dagegen, Schulten für die Stadionplanung einen »Blankoscheck« auszustellen und fürchteten einen Kostenanstieg, der die finanzielle Belastbarkeit der Stadt übersteige. Sie sollten mit ihren Bedenken recht behalten. Im Frühjahr 1971 betrugen die errechneten Kosten für das »Projekt Schulten« 95 973 200 DM und selbst ohne Ausführung des Daches waren Kosten in Höhe von 70 Millionen DM zu erwarten.[27] In einer Sondersitzung des Rates am 15. April 1971 wurde das Schulten-Stadion in seiner ursprünglichen Form zu Grabe getragen. Auf Antrag der SPD beschloß der Rat:

1. *die Planung am Projekt Schulten mit Überdachung aller Plätze einzustellen,*
2. *auf der Grundlage des Projektes Schulten ein um 10 000 Plätze auf 60 000 Plätze reduziertes Stadion ohne Bügel und Gesamtüberdachung, aber mit einer Überdachung von 20 000 Plätzen zur Ausschreibungsreife zu planen (Vorschlag 4),*
3. *die Durchführung des Stadionneubaus*

entsprechend der Planung nach Punkt 2 dieses Beschlusses zu veranlassen und die rechtzeitige Fertigstellung für die Fußballweltmeisterschaft sicherzustellen,

4. *mit dem DFB einen Vertrag über die Durchführung von Spielen der Endrunde um die Fußballweltmeisterschaft 1974 in dem zu erstellenden Stadionneubau abzuschließen und*
5. *die Finanzierung des Stadionneubaus mit der Anfinanzierung im Rechnungsjahr 1971 durch Erlaß einer außerordentlichen Nachtragssatzung und in Folge in den einzelnen Haushaltsplänen entsprechend dem Baufortschritt und der jährlichen Finanzkraft vorzusehen. Die Deckung im außerordentlichen Nachtrag erfolgt durch Veranschlagung der Bundes- und Landeszuweisungen.*

Der hier gewählte »Vorschlag 4« sah vor, eine reduzierte Lösung ohne späteren Ausbau der Dachkonstruktion des Schulten-Plans zu verwirklichen, während die anderen Vorschläge weiter die Möglichkeit des späteren Ausbaus einschlossen, wofür sich die CDU aussprach. Dieses lehnte die SPD aber ab, da sie es nicht für sinnvoll hielt, nur ein Provisorium zu errichten und den Weiterausbau um Jahre hinauszuzögern. Die Stadiondebatte sollte endgültig beendet werden.

Großer politischer Schlagabtausch

Der Beschluß über die Aufstellung eines Nachtragshaushaltes für das Jahr 1971, der am 24. Juni 1971 in Höhe von 6 Millionen DM für den Stadionneubau vom Rat genehmigt wurde, sorgte in den folgenden Monaten für Wirbel. Der Innenminister des Landes Nordrhein-Westfalen, Willi Weyer, wies den Kölner Regierungspräsidenten als kommunale Aufsichtsbehörde an, den Nachtragshaushalt zu beanstanden. Die SPD-Fraktion reagierte umgehend nach Bekanntgabe dieser Nachricht. In einer Sondersitzung am 10. August 1971 entschied sie, »das Handtuch zu werfen« und die Mittel für das Stadion zu streichen, um so nicht andere wichtige Projekte wie Schulbauten oder das Krankenhaus in Holweide zu gefährden.[28] In der Presse war nun von einem »Stadiondebakel«, einer »Finanzkatastrophe« zu lesen, der Rücktritt des Oberstadtdirektors Heinz Mohnen wurde mit den Worten »Und jetzt: Haut den Mohnen!« gefordert.[29] In der Sitzung des Rates am 26. August 1971, in der der Nachtragshaushalt erneut verhandelt wurde, kam es zum großen politischen Schlagabtausch.³⁰ Die Mehrheit von SPD und CDU sahen in der Beanstandung eine Einschränkung der kommunalen Selbstverwaltung und gaben der FDP die Schuld an dem Scheitern der Stadionplanung. Tatsächlich hatte die FDP sich schon früh gegen das Schulten-Projekt ausgesprochen und einen Architektenwettbewerb gefordert, von dem sie eine Verringerung der Kosten erwartete. Nun aber stand sie unter dem Verdacht, den Landesinnenminister, der ebenfalls der FDP angehörte, gedrängt zu haben, durch seine Anweisung die von der FDP-Fraktion abgelehnte kommunale Entscheidung aufzuheben. Zudem hatte die FDP am gleichen Tag in einer Anzeige der SPD und CDU verantwortungsloses Handeln vorgeworfen und zum Eintritt in die FDP aufgefordert.³¹ Am Schluß der Debatte erklärte der Fraktionsvorsitzende der SPD und spätere Kölner Oberbürgermeister John van Nes Ziegler, »daß das Schulten Stadion tot ist.« Die erste Baurate für den Stadionneubau wurde aus dem Nachtragshaushalt herausgenommen, die Bewerbung um die Austragung von Spielen der Fußballweltmeisterschaft wollte man aber noch nicht aufgegeben.

»Kölscher Klüngel«?

Als im Oktober 1971 die bestehenden Beschlüsse zum Stadionneubau aufgehoben und ein Firmenwettbewerb zur Erstellung eines Stadions auf Grundlage des 1970 aufgestellten reduzierten Raumprogrammes beschlossen wurden, führte die Rede von Wilhelm Peter Winkler von der FDP zum Skandal.³² Er zitierte einen Artikel aus der Zeitschrift »konkret«, in dem dem Sportausschußvorsitzenden Friedel Haumann und der SPD vorgeworfen wurde, Millionenbeträge aus den Stadionkosten zu erhalten, was SPD und CDU veranlaßte, gemeinsam den Saal zu verlassen. Auf der Einrichtung eines Untersuchungsausschusses, der Aufklärung im »Kölner

Entwurf des »reduzierten Schulten-Stadions«.

Die Ränge der Hauptkampfbahn, um 1971.

Klüngel Spiel« bringen sollte, bestand Winkler aber nicht mehr. Die erhobenen Vorwürfe stellten sich in der Folgezeit als absurd heraus.[33]

Kölner Stadionbau – ein gescheiterter Versuch

Das vorläufige Aus für den Stadionneubau kam noch im selben Jahr. Der Zeitplan bis zur Fertigstellung der neuen Hauptkampfbahn war nicht einzuhalten. Daher schlug die SPD vor, die Bewerbung für die Fußballweltmeisterschaft zurückzuziehen, die in den Haushalt eingestellten 25 Millionen DM für den Neubau zu streichen und den Firmenwettbewerb abzubrechen.[34] Statt dessen sollte geprüft werden, wie die inzwischen stillgelegte Hauptkampfbahn »in technisch und finanziell realisierbaren Abschnitten erneuert werden kann.« Gegen den Widerstand der CDU, die kurz zuvor der Presse mitgeteilt hatte, der Verzicht auf die Weltmeisterschaft werde das »Ansehen Kölns außerordentlich« schädigen und die viertgrößte Stadt würde »Provinz« werden, setzte die SPD sich durch.[35] Der sozialdemokratische Oberbürgermeister Theo Burauen brach bei dieser Abstimmung aus der Geschlossenheit seiner Fraktion aus und enthielt sich der Stimme. Er blieb bei seiner Befürwortung der Weltmeisterschaftsbewerbung und eines neuen Stadions.

Ein jahrelanger Versuch, die Hauptkampfbahn des Müngersdorfer Stadions in eine moderne Sportarena zu verwandeln, war gescheitert. Die durch das Modell des Architekten Schulten im Mai 1965 in Gang gesetzte öffentliche Diskussion hatte am Ende nur Verlierer. Die SPD, die Umbauplänen wegen der finanziellen Belastung skeptisch gegenüberstand und sich durch die Bewerbung um die Fußballweltmeisterschaft unter Druck setzen ließ, hielt zu lange an ihrer Entscheidung fest, die Planung bei Schulten zu belassen. Sie geriet damit in die – auch innerparteiliche – Kritik, die ihr Klüngelei und unsaubere Praktiken vorwarf. Die CDU mit ihren Plänen eines reinen Fußballstadions, die sie zugunsten des Schulten-Stadions aufgab, hatte genauso wenig den Mut, einen Schnitt zu vollziehen und mußte sich schließlich den finanziellen Gegebenheiten und politischen Mehrheitsverhältnissen beugen. Die FDP konnte zwar darauf verweisen, daß sie ein unkalkulierbares Risiko von der Stadt abgewendet hatte, stand aber als Verhinderungspartei in der Öffentlichkeit. Immerhin bedeutete der Verzicht auf den Stadionneubau für die Kölner, daß trotz weitreichender Investitionen der Stadt in den U-Bahn-Bau und in die Errichtung des Römisch-Germanischen Museums, andere Projekte – insbesondere aus dem Bildungs- und Sozialbereich – nicht vernachlässigt oder gar gestoppt werden mußten.

Zweiter Anlauf zum Neubau des Stadions

Eine neue Runde zum Stadion läuteten die Ratsfraktionen im Herbst 1972 ein. Bei den Haushaltsplanberatungen waren die Parteien sich einig, Mittel für den Neubau der Hauptkampfbahn einzusetzen.[36] Am 14. Dezember 1972 folgte der einstimmige Beschluß über einen Firmenwettbewerb zum Neubau des Stadions mit einem Fassungsvermögen von 60 000 Zuschauern. Auch wenn der Bund Deutscher Architekten bemängelte, daß die freien Architekten von dem Wettbewerb ausgeschlossen seien,[37] so gelang es in diesem zweiten Anlauf, ohne große Gegensätze und öffentliche Beschimpfungen den Weg für den Neubau der Hauptkampfbahn von seiten der Politik wie von der Verwaltung zu ebnen. Die Stadt hatte erreicht, daß das Land sich mit 10 Millionen DM an dem Neubau beteiligte und so die zuvor verlorengegangen Zuschüsse für ein »Weltmeisterschaftsstadion« weitgehend ausgeglichen werden konnten. Im Februar 1973 wurden die erste und im Juni 1973 die zweite Stufe des Firmenwettbewerbes vollzogen. Im Oktober 1973 begann der Abbruch der Haupttribüne der alten Kampfbahn im Müngersdorfer Stadion.

Unter den 21 eingereichten Angeboten hatte der Rat acht Firmenentwürfe ausgewählt und einen Auftrag zur Konkretisierung mit einem Festpreis gegeben. Grundlage für die Firmen war die vom Hochbauamt erarbeitete Systemplanung, die »mit einem Minimum an konstruktiven Aufwand ein Maximum an Stadion« erreichen sollte. Hierzu gehörte u. a. der Erhalt des alten Baumbestandes, der Wallanlage und der vorhandenen Verkehrsfläche für Kartenverkauf und -kontrolle. Darüber hinaus war die vollständige Überdachung des Zuschauerbereiches, die Rundumführung der Ränge in gleicher Höhe sowie eine möglichst geringe Distanz zwischen Zuschauern und Spielfläche vorgesehen.

Glücklicher Sieger des Firmenwettbewerbs

Der Rat entschied sich einstimmig am 19. November für den Entwurf Nr. 3 der Firma Dyckerhoff & Widmann für 42 Millionen DM, das konstruktiv und technisch als »ausgewogen und

Modell der Firma Beutgen, Rehfuss, Rheinstahl und Stein. Der als Nr. 18 eingegangene Entwurf war ein reiner Stahlbau, der architektonisch wie auch von der Lösung der gestellten Organisationsaufgaben überzeugen konnte. rechte Seite: Modell der Firma Dyckerhoff & Widmann.

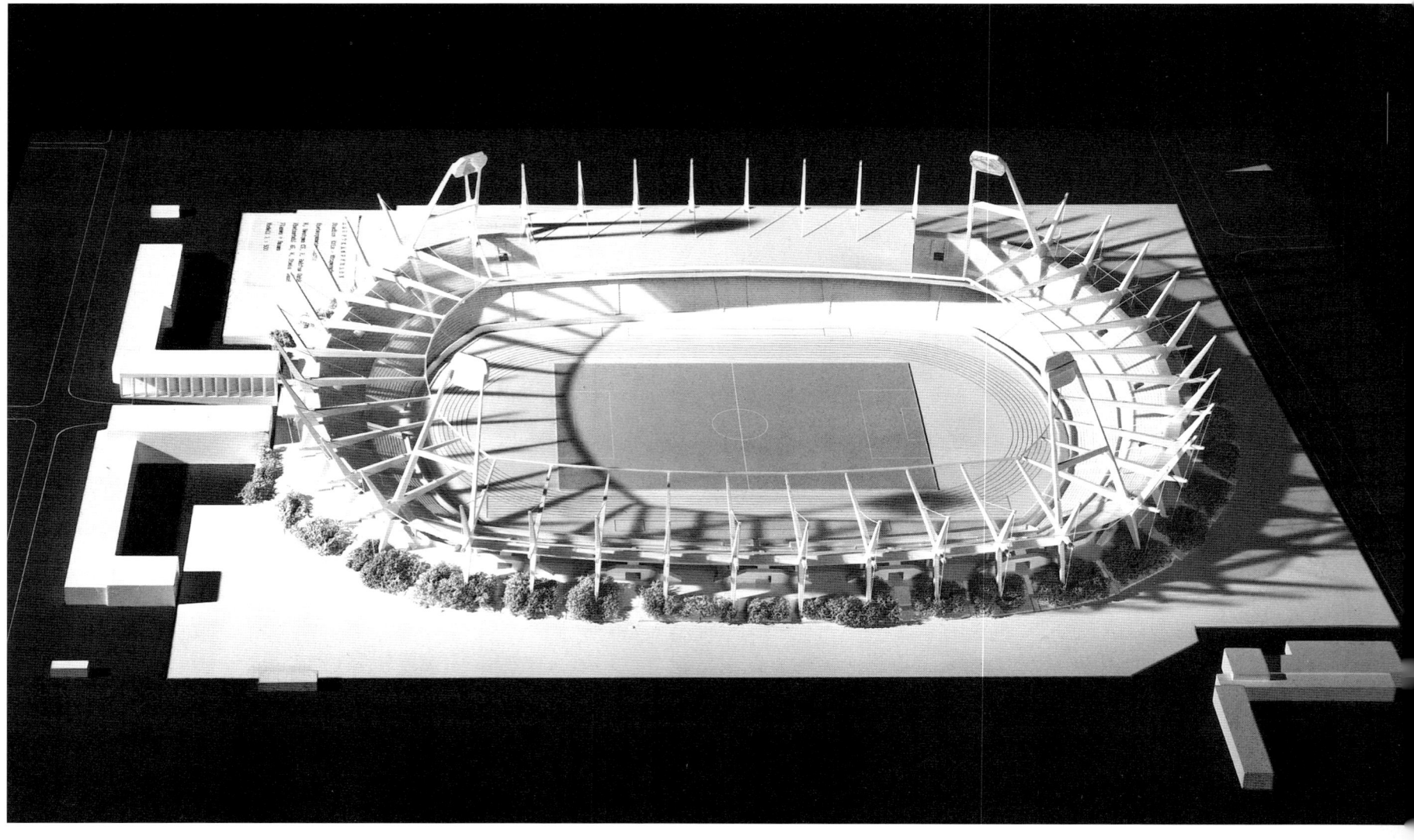

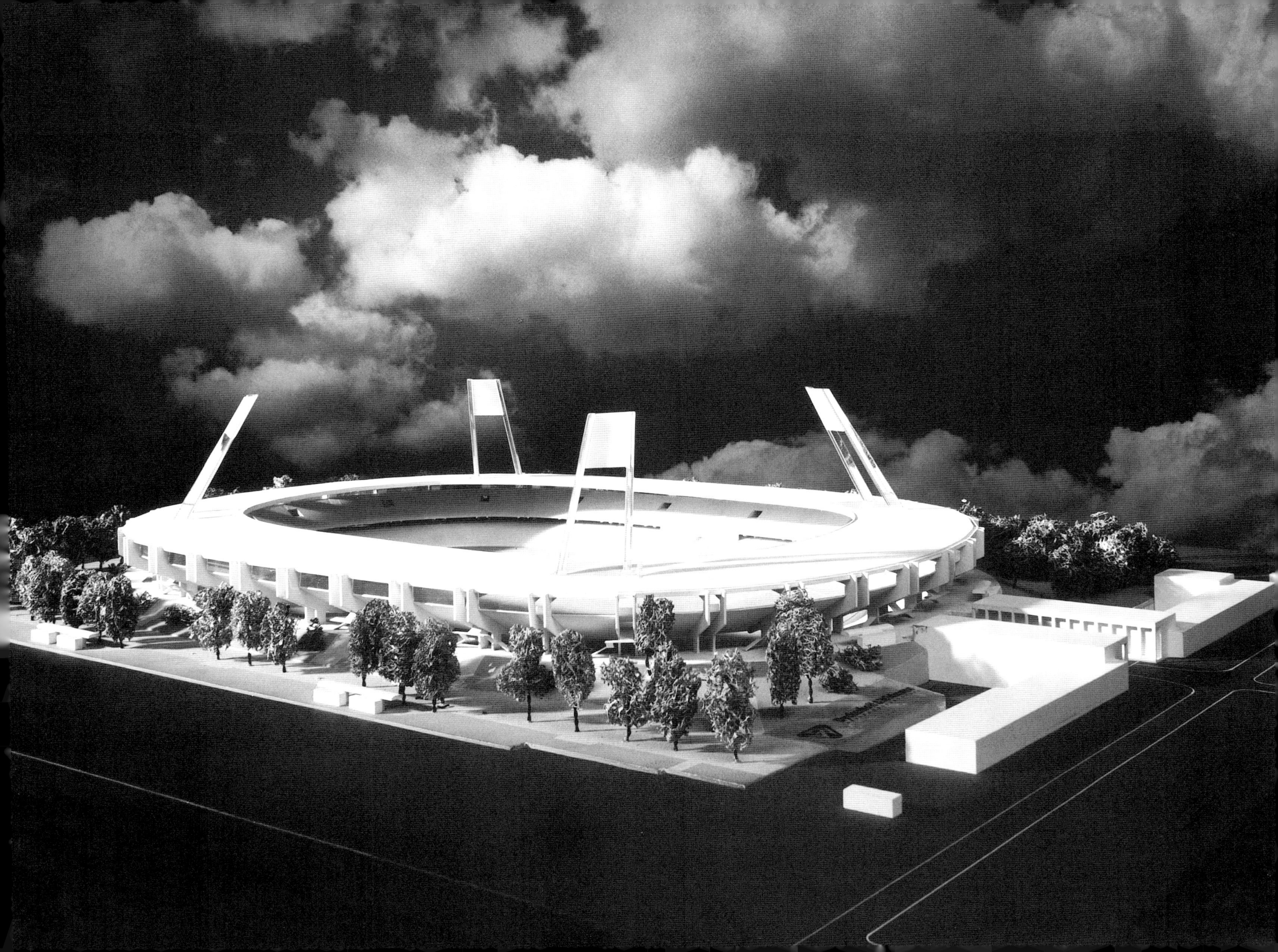

Acht Hammerschläge auf den Fußball
Der Grundstein für das neue Stadion wurde gelegt

»Kölner Stadt-Anzeiger« vom 7. Dezember 1973.

reif« gelobt wurde.[38] Ausgezeichnet war zudem die »Fußwegführung der Zuschauer, wie diese beim Betreten des Stadions auf vernünftige Art und Weise auf ihre Plätze kommen.« Zur Landschaftsgestaltung wurde vermerkt, daß sie »vernünftig« sei, da nur acht Bäume gefällt werden müßten. Einzig am hohen Preis scheiterte der Entwurf Nr. 18 der Firma Beutgen, Rehfuss, Rheinstahl, der in allen Kriterien den Anforderungen entsprach, doch mit über 44,1 Millionen DM der teuerste im Wettbewerb war. Die Entwürfe der anderen Firmen vermochten zwar meist architektonisch zu begeistern, doch zum Teil mußten hohe Unterhaltungskosten oder statische Probleme bei der Bauausführung befürchtet werden.

Erster Spatenstich ... und die Eröffnung des Müngersdorfer Stadions!

Schon am 7. Dezember 1973 fand der erste Spatenstich durch Oberbürgermeister Burauen statt. In enger Zusammenarbeit aller beteiligten Firmen und dem städtischen Hochbauamt, die einen reibungslosen Bauablauf garantierten, wurde in nur 22 Monaten das neue Stadion errichtet. Am 12. November 1975 fand die Eröffnung statt, und Begeisterung war von allen Seiten zu vernehmen. Die »Zeit« befand, in Köln sei das »modernste Stadion Deutschlands« entstanden, die »Rheinische Post« stellte heraus, »Die Akustik der Arena ist Stimulans

rechte Seite: Abriß der alten Hauptkampfbahn, 1973.

für die Spieler« und die »Neue Ruhr Zeitung« meinte, das Stadion sei »einmalig in Deutschland«.[39] Allein die Kölner Bevölkerung zeigte sich reserviert. Nur 45 000 Besucher kamen zur feierlichen Eröffnung in das neue Oval.

Köln besaß nun eine Wettkampfstätte, die zu den attraktivsten in Deutschland gehörte. Einen maßgeblichen Anteil hatten hieran neben dem Architekten Franz Riepl noch Gerd Lohmer und Kurt Schönbohm, die künstlerische bzw. gartentechnische Beratung leisteten. Bezüglich ihres Fassungsvermögens stand sie nur auf Rang acht – München, Düsseldorf, Gelsenkirchen oder Berlin hatten mehr Zuschauerplätze zu bieten. Doch einzigartig war der Anteil der überdachten Tribünenfläche mit 100%. Selbst das vorbildliche Stadion in München wies nur 55% auf. In der Kölner Kommunalpolitik hatte bis zur Eröffnung keine weitere kontroverse Debatte über das neue Stadion stattgefunden. Hierzu trug auch die Einhaltung des Kostenrahmens durch die Firma Dyckerhoff & Widmann bei, so daß die Gesamtbaukosten genau 42 Millionen DM betrugen. Lediglich die vom Rat gewünschte Anzeigetafel für 2,5 Millionen DM nach dem Münchner Vorbild verteuerte das Projekt.

Als Ironie der Geschichte jedoch erwies sich die Wertung der Stadtverwaltung bei der Vorstellung der Firmenentwürfe im Herbst 1973. »Die hohe Betonqualität von B 550 mit den zum Teil vorgespannten Elementen garantieren eine

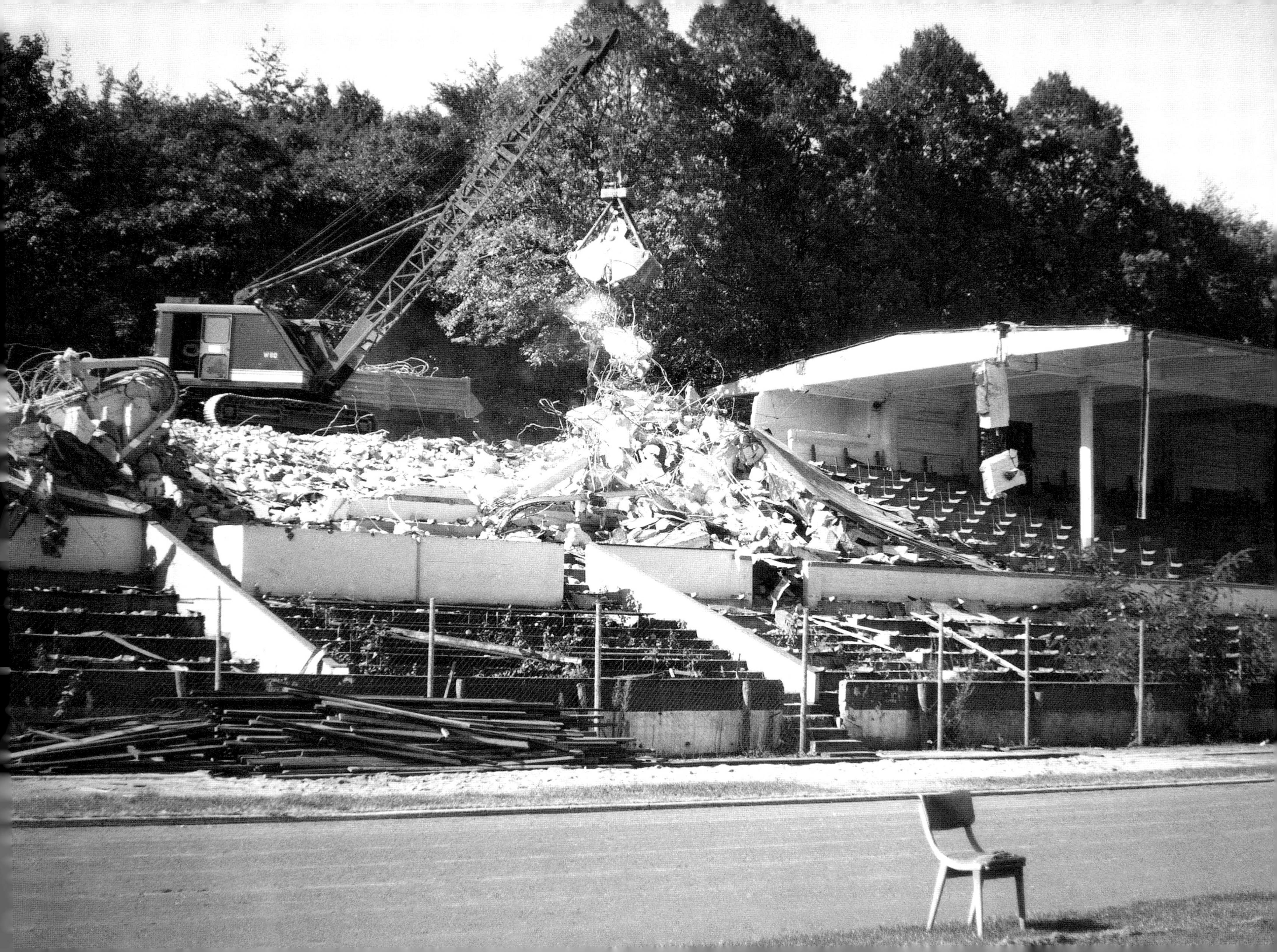

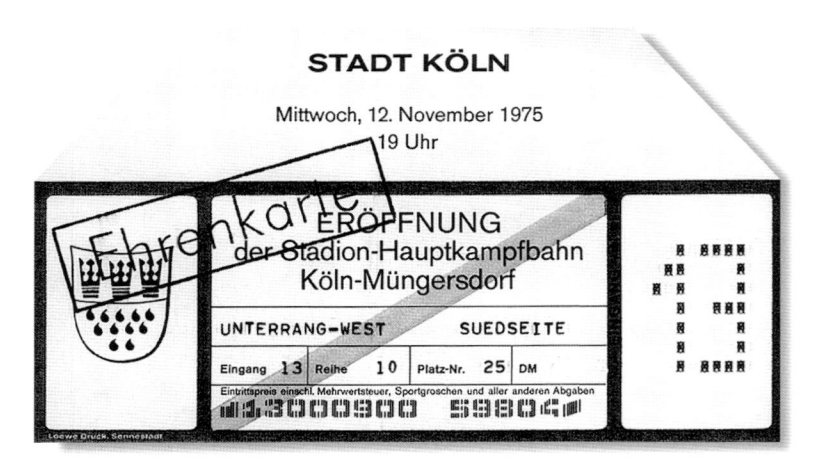

Eintrittskarte zur »Eröffnung der Stadion-Hauptkampfbahn«, 15. November 1975

lange Lebensdauer«, hatte der Beigeordnete für das Hochbauwesen Baecker gemeint. Doch im Februar 1976 tauchten Gerüchte über eine mögliche Einsturzgefahr des Stadions auf, nachdem sich vom Träger 23 ein Betonbrocken gelöst hatte. Die Bestürzung war bei allen Parteien groß; der 1. FC Köln mußte wieder in die ungeliebte Radrennbahn umziehen, und in der Öffentlichkeit wurde schon der Abbruch des Stadions gefordert. Entwarnung konnte erst gegeben werden, nachdem Dyckerhoff & Widmann mit »Kobald-Bomben« die Festigkeit der Träger nachgewiesen und unabhängige Gutachter die Ergebnisse bestätigt hatten. Die Fraktionen im Rat zeigten in dieser Situation die gleiche Geschlossenheit, die sie seit ihrem Beschluß vom 14. Dezember 1972 an den Tag gelegt hatten. Eine kontroverse Debatte wurde vermieden. Auch bezüglich des Namens war man einer Meinung. Die Vorschläge, die Bezeichnung »Hauptkampfbahn« wegen ihres martialischen Klangs durch Namen wie »Coloneum«, »Colonia-Stadion« oder »Kölner Park-Stadion« zu ersetzen, traf auf wenig Gegenliebe. Einstimmig sprachen sich die Ratsmitglieder für »Müngersdorfer Stadion« aus.[40]

1 *Kölner Sport-Kurier*, 2 (1947) 2.

2 *Historisches Archiv der Stadt Köln (HAStK), Abt. 5, Nr. 184, Bl. 244.*

3 *Kölnische Rundschau, 10.9.1949, und Kölner Stadt-Anzeiger, 14.9.1949.*

4 *HAStK, Abt. 5, Nr. 1117, Bl. 90.*

5 *HAStK, Abt. 5, Nr. 1117, Bll. 84-87. Das Folgende ebd.*

6 *Verhandlungen der Stadtvertretung, 31.7. 1952, S. 230f.*

7 *Verhandlungen der Stadtvertretung, 24.3.1953, S. 155ff.*

8 *Deutscher Städtetag, Leitsätze für die kommunale Sportpflege*, in: *Der Goldene Plan in den Gemeinden*, Deutsche Olympische Gesellschaft (Hrsg.), Frankfurt 1962, S. 38.

9 *Verwaltungsbericht der Stadt Köln 1954*, S. 58.

10 Theo Burauen, *Großstadion oder Vereinssportplätze?*, in: *Kölner Sport-Kurier*, 12 (1957) 1.

11 *Kölner Sport-Kurier*, 14 (1959) 12.

12 *Statistisches Jahrbuch der Stadt Köln 1960ff.,
    passim.*

13 *Kölner Sport-Kurier, 18 (1963) 1.*

14 *Statistisches Jahrbuch der Stadt Köln 1947ff.,
    passim.*

15 *Verhandlungen des Rates der Stadt Köln,
    11.10.1961, S. 203.*

16 *Kölnische Rundschau, 26.8.1961. Das Folgende
    ebenda.*

17 *Verhandlungen des Rates der Stadt Köln,
    12.10.1961, S. 258.*

18 *Verhandlungen des Rates der Stadt Köln,
    26.10.1961, S. 2.*

19 *Sportstätten in Köln. Die kleine Ausstellung in
    der Kassenhalle der Hauptstelle der Stadtsparkasse Köln, 11. April bis 11. Mai 1973, Köln 1973.*

20 *Kölner Sport-Kurier, 16 (1961) 12. Das Folgende
    ebenda.*

21 *Kölner Stadt-Anzeiger, 10.4.1962.*

22 *Verhandlungen des Rates der Stadt Köln,
    15.12.1966, S. 415.*

23 *Verhandlungen des Rates der Stadt Köln,
    30.5.1968, S. 189. Das Folgende ebenda, S. 185ff.*

24 *Verhandlungen des Rates der Stadt Köln,
    24.10.1968, S. 347ff.*

25 *Verhandlungen des Rates der Stadt Köln,
    10.7.1969, S. 269ff.*

26 *Verhandlungen des Rates der Stadt Köln,
    12.3.1970, S. 127-139.*

27 *Verhandlungen des Rates der Stadt Köln,
    15.4.1971, S. 191-213.*

28 *Kölnische Rundschau, 11.8.1971.*

29 *Kölnische Rundschau, 11.8.1971, 12.8.1971,
    13.8.1971, und Kölner Stadt-Anzeiger, 11.8.1971,
    12.8.1971.*

30 *Verhandlungen des Rates der Stadt Köln,
    26.8.1971, S. 395-430.*

31 *Kölner Stadt-Anzeiger, 26.8.1971.*

32 *Verhandlungen des Rates der Stadt Köln,
    7.10.1971, S. 527-538.*

33 *Kölner Stadt-Anzeiger, 24.1.1975.*

34 *Verhandlungen des Rates der Stadt Köln,
    9.11.1971, S. 559-574. Ein Firmenwettbewerb war
    vom Hauptausschuß des Rates am 6.9.1971 beschlossen und am 23.9.1971 vom Rat bestätigt
    worden. Die Fertigstellung des Stadions war für
    den 31.12.1973 geplant, eine Terminverlängerung sollte aber beim DFB beantragt werden.
    Verhandlungen des Rates der Stadt Köln,
    23.9.1971, S. 520f.*

35 *Kölnische Rundschau, 6.11.1971.*

36 *Verhandlungen des Rates der Stadt Köln,
    26.10.1972, S. 371-391.*

37 *Kölner Stadt-Anzeiger, 14.12.1972.*

38 *Verhandlungen des Rates der Stadt Köln,
    19.11.1973, S. 413-423.*

39 *Kölner Stadt-Anzeiger, 14.11.1975.*

40 *Kölnische Rundschau, 5.11.1975.*

Ein neues Stadion entsteht

Die neue Hauptkampfbahn des Müngersdorfer Stadions entstand in nur 22 Monaten Bauzeit. Nach dem am 1. Oktober 1973 begonnenen Abriß der alten Hauptkampfbahn fand am 7. Dezember 1973 der erste Spatenstich statt, am 22. April 1975 wurde der Richtkranz gesetzt und am 15. Oktober 1975 war das Stadion bis auf kleinere Arbeiten fertiggestellt. Bauherr war das Sport- und Bäderamt der Stadt Köln, Projektleitung und Systementwurf lagen beim Hochbauamt der Stadt Köln, Entwurf, Planung und Bauleitung übernahm die Firma Dyckerhoff und Widmann.

Für die Bauabwicklung hatte der Rat der Stadt vorgeschrieben, daß der Wall und die Verkehrsfläche ebenso wie die dort wachsenden alten Bäume der ursprünglichen Anlage weitgehend erhalten bleiben sollten. Darum wurde die gesamte Baustelleneinrichtung in den Innenraum der Hauptkampfbahn verlegt, es mußte gleichsam von innen nach außen gebaut werden. Hier bewegten sich bis zu fünf Baukräne auf einem Schienenoval von ca. 500 m rund um die innenliegende Spielfläche. Sofort wurden mit der Befestigung des unterhalb der Tribüne umlaufenden Grabens und mit der Errichtung der Pylone für das Tragwerk begonnen. Auf dem Wall entstand der Unterrang. Die Träger des Oberrangs wurden als Zwillingsbinder ausgeführt. Zwischen diesen in zwei Scheiben gegliederten 38 Binderrahmen, die auch die Treppenzugänge aufnahmen, verlaufen Betonbalken. Die Binderrahmen gehen über in 31,5 m auskragende Unterzüge für die Dachkonstruktion. Auf das fertige Rahmentragwerk – bestehend aus Rahmen, Rinnenträger und Gesimsbalken – wurde das Dach aus Stahlgitterfetten und Trapezblechen befestigt. Die Rahmenbinder tragen zudem die vier Flutlichtmasten. Das zweirangige Tribünenprofil ist bestimmt von dem Wunsch nach Einheitlichkeit, von dem nur an wenigen Stellen abgewichen wurde, so daß die Ränge in gleicher Höhe angeordnet sind. Um das 68 x 105 m messende Spielfeld verlaufen acht Einzelbahnen aus Tartan für den 400 m-Lauf, die ergänzt werden durch Sprung- und Wurfanlagen.

3·5·1974

28.5.1974

5.8.1974

EIN NEUES STADION ENTSTEHT

10.9.1974

16.12.1974

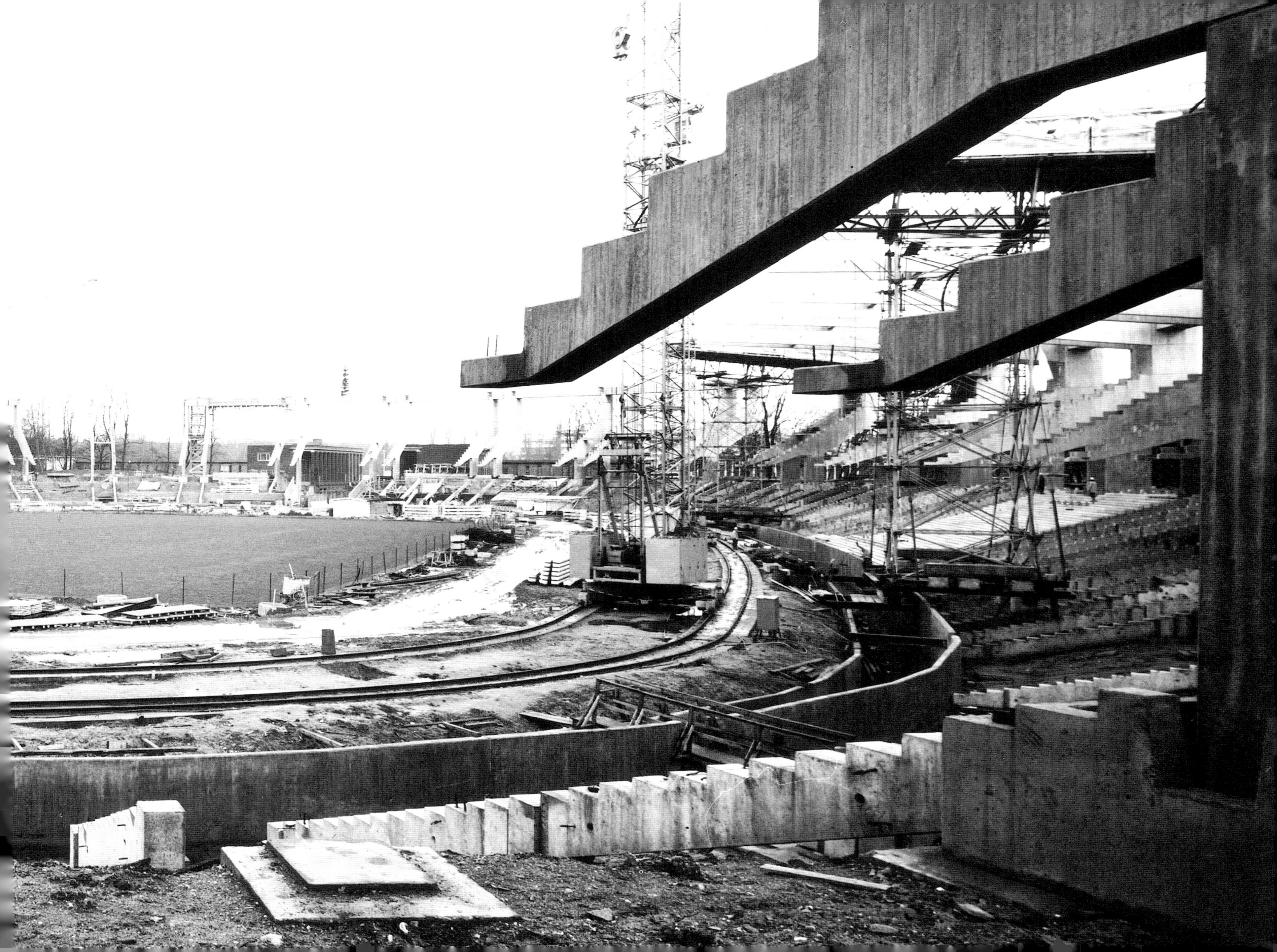

5.4.1975

EIN NEUES STADION ENTSTEHT

28.4.1975

26.6.1975

24.9.1975

Turner, Tore, Meisterschaften

Die großen sportlichen Ereignisse im Stadion

»Sportstadt des Westens« wurde Köln mit der Errichtung des Müngersdorfer Stadions 1923 – nicht nur durch den ständig wachsenden lokalen Sport- und Spielbetrieb, sondern auch durch die überregionalen Sportveranstaltungen, die vielseitige Beachtung fanden und auch heute noch das Image einer Großstadt mitbestimmen. Sport wurde im Laufe der Jahre ein Wirtschaftsfaktor, der den Charakter einer Metropole prägt.

Erfolgreiche Werbung für das Müngersdorfer Stadion

In den 20er und 30er Jahren gelang es den Sportfunktionären und Stadtvätern immer wieder, bedeutende Großereignisse nach Köln zu holen, auch dank der guten Beziehungen Adenauers zu den überregionalen Sportverbänden.

Im Jahr 1924 wurden gleich drei hochkarätige Bewerbungen mit Erfolg zum Abschluß gebracht. Der Kampfspielausschuß des Deutschen Reichsausschusses für Leibesübungen (DRA) ernannte am 9. November 1924 Köln zum nächsten Austragungsort für die II. Deutschen Kampfspiele 1926, unter der Voraussetzung, daß die Einreiseschwierigkeiten in das besetzte Rheinland bis dahin gelöst wären. »Dieser Beschluß ... ist ein Ausdruck des Vertrauens, den wir in die Gestaltungskraft aus Arbeitsfreudigkeit der Kölner Turn- und Sportkreise setzen, zugleich aber auch ein Beweis, wie eng wir uns mit dem schwergeprüften Rheinland verbunden fühlen.«[1] Heinrich Stevens, Vorsitzender des Bundes Deutscher Radfahrer und engagierter Kölner Radsportorganisator gelang es ebenfalls 1924, für die Radweltmeisterschaften 1927 den Zuschlag zu erhalten. Beim Deutschen Turntag in Würzburg 1924 beantragte der Vertreter des Kölner Turngaus, Stadtverordneter Barthel Gödde, das 14. Deutsche Turnfest 1928 nach Köln zu vergeben. Auch diese Initiative war von Erfolg gekrönt. Damit waren die Weichen für die kommenden Jahre gestellt.

Standort für spannende Meisterschaften

Noch im Jahr 1923, einen Monat nach der Eröffnung, fand das erste Meisterschaftsendspiel in der Müngersdorfer Hauptkampfbahn statt. Der Turn- und Rasensportverein »Union« Düsseldorf spielte gegen die Turngesellschaft Stuttgart um die Deutsche Handballmeisterschaft der Deutschen Turnerschaft. Der Spielbericht in der Deutschen Turnzeitung sparte nicht mit Lobeshymnen und Danksagungen an die Organisatoren, die es geschafft hatten, dieses Endspiel im besetzten Köln durchzuführen. Für die nationalgesinnten Turner hatte die Veranstaltung Symbolwert: »Köln zeige zwei Merkmale deutscher Kraft: Aus der Vergangenheit leuchte der altehrwürdige Dom, in die Zukunft die neue, soeben erstandene Kampfbahn, die Leitspruch harter künftiger Jahrzehnte sei.«[2]

Stolze Jubiläen und große Volksfeste

Ansonsten war das Stadion bis zu dem ersten ganz großen Ereignis in erster Linie Schauplatz lokaler Feierlichkeiten. Das 25jährige Jubiläumsfest der Vaterländischen Festspiele fand 1924 statt. Ausrichter war die »Vereinigung der Bürger Kölns zur Förderung Vaterländischer Festspiele«[3], die schon seit 1899 ein lokales Volksfest veranstaltete, wo »die körperlichen und geistigen Kräfte der Nation in ihrem herrlichsten Glanze erstrahlen« sollten.[4] Mit diesen Veranstaltungen sollte der Anstoß zur Verwirklichung eines großen deutschen Nationalfestes gegeben werden. Die ursprüngliche Idee stammte von dem preußischen Abgeordneten und Reformpädagogen Emil von Schenckendorff, der auch dem Zentralausschuß für Volks- und Jugendspiele angehörte. Er wies in seiner Rede im Kölner Gürzenich bei der Gründungsversammlung der Vereinigung darauf hin, daß »seine Idee in Köln, dem geistigen, wirtschaftlichen und politischen Mittelpunkt des Westens, in dankenswerter Weise tatkräftig aufgenommen worden sei und …, daß die Ziele von hier aus am erfolgreichsten gefördert werden konnten.«[5] Obwohl das eigentliche Ziel, die Durchführung eines patriotischen, großen Nationalfestes nie verwirklicht wurde, sind die Vaterländischen Festpiele für lange Zeit ein fester Bestandteil im Kölner Veranstaltungskalender gewesen. Vor dem Ersten Weltkrieg fanden sie im Kölner Stadtwald und ab 1913 auf der ersten »Bezirkssportanlage« in Poll statt. Auch im Jahr 1923 traf man Vorbereitungen für die Vaterländischen Festspiele. Es sollte die erste große Veranstaltung dieser Art in der neuerbauten Stadionanlage werden. »Doch widrige Verhältnisse stellten sich diesem Plan entgegen, und so wurde man einig, die Vaterländischen Festspiele in diesem Jahre nicht auszutragen, sondern sich in den Dienst der Veranstaltungen zu stellen, die mit der Weihe des Stadions verbunden werden sollten.«[6] So kam es, daß erst ab 1924 die Vaterländischen Festspiele im Stadion stattfanden. Bis 1932 wurde die Veranstaltung unter diesem Namen fortgeführt. Mit der Machtergreifung der Nationalsozialisten wurde dieses Volksfest zu einer Parteiveranstaltung umfunktioniert. Nach dem Zweiten Weltkrieg versuchte der Zweckverband für Leibesübungen mit der »Kölner Sportwoche« eine ähnliche, alle sporttreibenden Vereine und Verbände umfassende Veranstaltung zu etablieren. In Anlehnung an die Traditionsveranstaltung führte man 1951 den Namen »Vaterstädtische Festspiele« ein, die letztmalig 1959 ausgetragen wurden.

II. DEUTSCHE KAMPFSPIELE 1926

Die erste sportliche Großveranstaltung, die im Kölner Stadion zur Ausführung kam, waren die II. Deutschen Kampfspiele 1926. Die Initiative zur Einrichtung dieser »nationalen Olympiade« war schon vor dem Ersten Weltkrieg entstanden. Der 1904 gegründete »Deutsche Reichsausschuß für Olympische Spiele« hatte es sich unter anderem zur Aufgabe gemacht, »nationale olympische Spiele im Deutschen Reich durchzuführen.« Das erste Fest sollte 1915 im neu errichteten Deutschen Stadion in Berlin stattfinden. Der deutsche Sport versuchte damit auch, den von der Deutschen Turnerschaft organisierten nationalen Turnfesten ein gleichwertiges Ereignis gegenüberzustellen.

Internationale? – nein, nationale Olympische Spiele

Als Deutschland nach dem Ersten Weltkrieg von der Teilnahme an den Olympischen Spielen ausgeschlossen wurde, verstärkte der DRA seine Bemühungen um die Organisation dieses Sportfestes. Zuvor war im Versailler Vertrag die Abschaffung der Wehrmacht festgelegt worden. Im sportlichen Wettkampf sah man ein geeignetes Mittel, diesen Verlust an nationaler Stärke auszugleichen – durch Sport sollten die »verlorengegangenen Kräfte des deutschen Volkes« wiederhergestellt werden. Damit gerieten die Kampfspiele zur politischen Demonstration für das Ausland. Begriffe wie Kampfgeist, Gemeinschaft, Kraft und Stärke charakterisierten die Sprache der Werbemaßnahmen für die nationale Sache. Die I. Deutschen Kampfspiele fanden 1922 in Berlin statt. Der ursprüngliche Gedanke, die Spiele ausschließlich in der Hauptstadt des Deutschen Reiches zu veranstalten, wurde jedoch nach dem Krieg nicht durchgehalten. Am 9. November 1924 erhielt Konrad Adenauer von dem Präsidenten des DRA, Excellenz Dr. Lewald, folgendes Telegramm: »Freue mich mitzuteilen, daß Vorstand DRA gestern meinem Antrage, die Deutschen Kampfspiele 1926 in Köln abzuhalten, einmütig zugestimmt hat.«[7] Die Ausrichtung des nationalen Ereignisses im besetzten Rheinland war eine bewußte, provokative Entscheidung gegen die Besatzer.

Der geschäftsführende Ausschuß der II. Deutschen Kampfspiele 1926. Vorne von links: Stadtverordneter Barthel Gödde, Beigeordneter Dr. Heinrich Billstein, Direktor Hoffmann, Zweckverbandsvorsitzender Josef Mähler, hinten: Dr. Cramer, Seelemann, Johannes Sampels, Emil Pfeiffer, Jakob Zündorf, Christian Busch, Dr. Wagner, Markus.

Postkarte der II. Deutschen Kampfspiele Köln, 1926.

Fieberhafte Vorbereitungen für die »nationalen Olympischen Spiele« ...

Erstmalig wurde dabei die Organisation und die Durchführung einer sportlichen Großveranstaltung einer Stadtverwaltung übertragen und nicht wie bisher üblich den örtlichen Sportverbänden. »Die Pflege der Leibesübungen wurde mit dieser Tat unter festlichem Beginn in den Kreis der öffentlichen Aufgaben eingereiht.«[8] Als Gegenleistung für das Recht, diese werbeträchtige Veranstaltung auszutragen, mußte sich die Stadt verpflichten, das finanzielle Risiko zu übernehmen und bei einem etwaigen Gewinn die Hälfte dem DRA abzutreten. Die Zusammenarbeit zwischen dem Zweckverband für Leibesübungen Groß-Köln und der Stadtverwaltung gestaltete sich sehr einvernehmlich. Soweit technische Einrichtungen auszubauen waren, zeigte die Stadtverwaltung weitgehendes Entgegenkommen. Neben dem geschäftsführenden Ausschuß unter dem Vorsitz Heinrich Billsteins mußten 24 Unterausschüsse mit insgesamt 140 Mitgliedern (18 verschiedene Sportarten, Presse, Unterbringung, Finanzfragen etc.) die großen verwaltungstechnischen Schwierigkeiten einer solchen Massenveranstaltung bewältigen. Das größte Problem stellte dabei die Unterbringungsfrage dar. Zahlreiche Privatunterkünfte wurden von Sportlern zur Verfügung gestellt. Auch der Appell an die Kölner Vereine, Patenschaften für die auswärtigen Vereine zu übernehmen und diese für die Dauer ihres Aufenthaltes zu betreuen, fand große Unterstützung. Zu den Vorbereitungsmaßnahmen der Kampfspiele gehörte auch die Stadionerweiterung. Die Bauten wurden bis 1926 nur zum Teil fertiggestellt.[9]

... und eine internationale Werbekampagne

Die Stadt startete eine groß angelegte Werbekampagne. 80 000 Plakate wurden weltweit vertrieben, eine eigene Zeitung und eine Kampfspielbroschüre (Auflage: 100 000 Exemplare) wurden herausgegeben. Vortragsreisen, Film- und Rundfunkmeldungen machten im ganzen Reich auf das Großereignis aufmerksam. Für eine Woche, vom 4.–11. Juli 1926, blickte die gesamte deutsche Sportwelt nach Köln. Der Eröffnungstag begann um 14.30 Uhr mit dem Einmarsch von 6000 Teilnehmern vor 20 000 Zuschauern. Tags zuvor hatten 200 000 Zuschauer den Festzug und das anschließende Feuerwerk über dem Rhein bewundert. In Anwesenheit von Ehrengästen verliefen die Wettkämpfe reibungslos, und die Stadt Köln hatte ihre erste große Bewährungsprobe in Sachen Stadion überstanden.

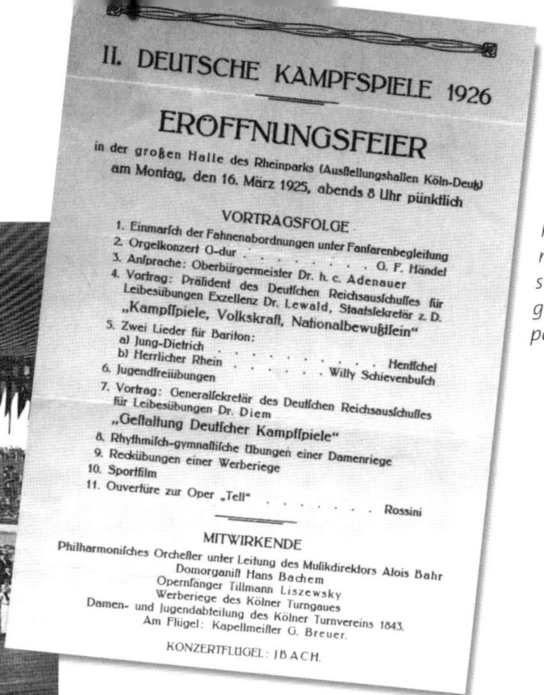

Aufstellung der Sportler vor der Tribüne während der Ansprachen.

Einmarsch der Sportler aus Österreich in die Hauptkampfbahn.

II. DEUTSCHE KAMPFSPIELE 1926

ERÖFFNUNGSFEIER

in der großen Halle des Rheinparks (Ausstellungshallen Köln-Deutz)
am Montag, den 16. März 1925, abends 8 Uhr pünktlich

VORTRAGSFOLGE

1. Einmarsch der Fahnenabordnungen unter Fanfarenbegleitung
2. Orgelkonzert G-dur . . . . G. F. Händel
3. Ansprache: Oberbürgermeister Dr. h. c. Adenauer
4. Vortrag: Präsident des Deutschen Reichsausschusses für Leibesübungen Exzellenz Dr. Lewald, Staatssekretär z. D.
   „Kampfspiele, Volkskraft, Nationalbewußtsein"
5. Zwei Lieder für Bariton:
   a) Jung-Dietrich . . . . Hentschel
   b) Herrlicher Rhein . . . . Willy Schievenbusch
6. Jugendfreiübungen
7. Vortrag: Generalsekretär des Deutschen Reichsausschusses für Leibesübungen Dr. Diem
   „Gestaltung Deutscher Kampfspiele"
8. Rhythmisch-gymnastische Übungen einer Damenriege
9. Reckübungen einer Werberiege
10. Sportfilm
11. Ouvertüre zur Oper „Tell" . . . . Rossini

MITWIRKENDE

Philharmonisches Orchester unter Leitung des Musikdirektors Alois Bahr
Domorganist Hans Bachem
Opernsänger Tillmann Liszewsky
Werberiege des Kölner Turngaues
Damen- und Jugendabteilung des Kölner Turnvereins 1843.
Am Flügel: Kapellmeister G. Breuer.

KONZERTFLÜGEL: IBACH.

Programm der Eröffnungsfeier der II. Deutschen Kampfspiele in der großen Halle des Rheinparks.

Bilder von den Wettkämpfen der II. Deutschen Kampfspiele: Stabhochsprung, Laufwettbewerb, Schleuderball-Vorführung der Turner in der Radrennbahn.

Sportfeste, die aus dem Rahmen fallen ...

Im gleichen Jahr fand im August das 1. Westdeutsche Arbeiter-Turn- und Sportfest statt. Das Fest wurde von den Kölner Arbeitersportvereinen organisiert. Die Stadtverwaltung genehmigte einen Zuschuß von 20 000 RM, womit sie sich im Vergleich zu anderen Fällen als weniger großzügig erwies. Der Arbeitersport hatte in Köln zwar eine lange Tradition, aber die Unzufriedenheit der Sportler über die Ungleichbehandlung von seiten der Stadtverwaltung wird an vielen Stellen deutlich. Brüskiert fühlten sich die sozialistischen Vereine, als die Reichsarbeitersporttage durch anstehende Umbaumaßnahmen für die Großereignisse behindert wurden. Obwohl die Nutzung der Hauptkampfbahn nicht möglich war, verlangte die Verwaltung Mieten in voller Höhe.[10]

Das westdeutsche Treffen der Arbeitersportler stand ganz im Sinne der Werbung für den Sport der Werktätigen. Höhepunkt war ein mit Spannung erwartetes Fußballspiel zwischen einer russischen und einer westdeutschen Auswahlmannschaft. 50 000 Zuschauer verfolgten dieses Spiel, das mit einem klaren Sieg (12:2 Tore) für die Gäste endete. Am Rande dieses Ereignisses kam es zu einem Eklat: Die kommunistische Gruppe der Arbeitersportler beabsichtigte, die russischen Fußballer auf dem Kölner Hauptbahnhof mit großem Aufwand zu empfangen. Diese Propagandamaßnahme verhinderten die Organisatoren, indem sie die Spieler in Bonn begrüßten und mit dem Auto nach Köln brachten – ein Zwischenfall, der zu einem heftigen Streit zwischen dem Rote-Front-Kämpferbund und den sozialdemokratischen Arbeitersportlern führte. Über den sportlichen Teil berichtete die Presse von eher durchschnittlichen Leistungen, die wenig werbewirksam seien. Lediglich die Wettkämpfe der Radfahrer wurden lobend erwähnt.[11]

... rufen so manche Empörung hervor

Für Aufsehen sorgte allerdings der Festzug der Arbeitersportler durch die Stadt. Die sozialdemokratische Rheinische Zeitung schrieb enttäuscht: »Kein Fähnlein an den Häusern des Mittelstandes und der Bourgeoisie, kein Winken und kein Zurufen aus den Fenstern. Es war fast, als rücke ein feindliches Heer in diese Stadt.« Die bürgerliche Kölnische Volkszeitung hingegen wertete den Auftritt der Arbeitersportler, insbesondere der weiblichen Festzugsteilnehmer, als Skandal: »Es war eine Taktlosigkeit sondergleichen allen Regeln guter Sitte zum Hohne in diesem Aufzug durch die Straßen zu ziehen. Was ganz besonders peinlich wirkte, war, daß an 500 Turnerinnen sich nicht scheuten, im knappen Badetrikot den Festzug mitzumachen. ... Schade um die schönen Reichsbanner, die die Stadt Köln auf ihren öffentlichen Plätzen aus Anlaß des Sportfestes so festlich gehißt hatte, und die nun einem Schauspiel dienen mußten, das dem Ansehen des deutschen Volkes und der Würde der deutschen Frau so wenig anstand.«[12]

Festzeitschrift des »Bundes Deutscher Radfahrer« zu den Radweltmeisterschaften 1927 in Köln und Elberfeld.

RADWELTMEISTERSCHAFTEN 1927

Köln war von jeher eine Hochburg des Radsports in fast allen Disziplinen gewesen. Auf der alten Riehler Bahn wurden bereits 1895 Weltmeisterschaften ausgetragen. Die spektakulären Rennen der Herrenfahrer auf Hochrädern oder der Steher hinter den motorisierten Schrittmachern waren schon damals Attraktionen, die das Kölner Publikum begeisterten.

Rasende Schrittmacher

Der Kölner Heinrich Stevens hatte mit seinem Engagement als Vorsitzender des Bundes Deutscher Radfahrer und Vizepräsident der Union Cycliste International maßgeblichen Anteil an der Popularität dieser Sportart im Rheinland. Vom 14.–25. Juli 1927 fand zum zweiten Mal die größte Radsportveranstaltung der Welt in Köln statt. Weitere Schauplätze der Rennen waren neben der Müngersdorfer Bahn der Nürburgring für die Straßenfahrer und das Stadion in Wuppertal-Elberfeld für die Stehermeisterschaften.

Die Radrennbahn am Kölner Stadion wurde erneuert und ausgebaut. Die ehemalige Holzpiste ersetzte man durch eine Bahn aus Eisenbeton, die einige Wochen vor Beginn der Welt-

Die überfüllte Müngersdorfer Radrennbahn während einer Veranstaltung der 40er Jahre.

meisterschaft beim Länderkampf gegen Holland Rekordzeiten möglich gemacht hatte. Zur Abkühlung der Fahrfläche wurde eine Berieselungsanlage installiert. Auf der 9. Sitzung des Stadtrates 1927 kam es zu der Bewilligung eines Zuschusses von 40 000 RM für die Veranstaltung selbst. Dies war jedoch die kleinste Summe, über die in dieser Versammlung verhandelt wurde. Insgesamt standen 926 000 RM zur Debatte, die für die erneuten Umbauarbeiten des Stadions veranschlagt und zum Teil bereits für die Deutschen Kampfspiele verausgabt worden waren. 390 500 RM davon waren für den Neubau der Rennpiste und die Erweiterungsbauten an der Radrennbahn vorgesehen. Heftige Kritik äußerte der kommunistische Stadtverordnete Stahl: »Dagegen lehnen wir es ab, daß für die Pfuscharbeiten der Inflationszeit bei der Radrennbahn neuerdings wieder 390 500 RM aufgewendet werden. Wir konnten feststellen, daß allgemein bei den Inflationsbauten sich etwas herauswächst, was sich auswirkt als eine vollständige Neuherstellung der Anlagen«. Darüber hinaus bemerkte er, »die Stadt Köln befinde sich nun in einem großen Irrtum, wenn sie glaubt, das Wirtschaftsleben in Köln würde sich heben, wenn sie eine ganze Menge Organisationen mit ihren Festlichkeiten und Veranstaltungen nach Köln zöge.«[13]

»Kölner Fliegerschule« – aber für Radfahrer!

Im Mittelpunkt der Wettbewerbe stand das Rennen über die 1000 m-Distanz. Die über die Grenzen der Domstadt hinaus bekannt gewordene »Kölner Fliegerschule« hatte immer wieder junge Talente hervorgebracht, die die Popularität dieser Disziplin enorm steigerten. Weltmeister wurde nach einem dramatischen Rennverlauf der Kölner Matthias Engel. Zu den späteren großen Namen des deutschen Radsports gehörten unter anderem Toni Merkens, der 1936 Olympiasieger wurde, sowie Albert Richter, der 1932 die Weltmeisterschaft der Amateure gewann und nach seinem Wechsel ins Profilager zahlreiche weitere nationale und internationale Titel erringen konnte. Albert Richter wurde 1940 von den Nationalsozialisten ermordet. Die 1990 errichtete neue Radrennbahn in Müngersdorf trägt seinen Namen.

Steherrennen erfreuten sich vor allem nach dem Zweiten Weltkrieg großer Popularität.

Erklingen da etwa falsche Töne?

Nach dem Krieg hatten die Dauerfahrer mit ihren schweren Schrittmacher-Maschinen die Gunst des Publikums erobert. Radrennveranstalter Willi Schult bot ein sehenswertes Programm und führte damit auch dem Stadtsäckel so manche Summe zu. Bereits 1945 gingen die Radsportler auf der Müngersdorfer Radrennbahn zu ersten Wettkämpfen an den Start. Schon kurze Zeit später konnten auch ausländische Fahrer teilnehmen, was im Hinblick auf die Anordnungen der Militärregierung relativ früh war. 1949 kam es bei einer derartigen Veranstaltung zu einem kuriosen Zwischenfall. Die Fahnen der teilnehmenden Nationen waren gehißt und die Ehrenrunden der Sieger wurden unter Begleitung der Nationalhymnen stehend angehört. Nur beim Sieg des Kölners Jean Schorn erklang der Schlager »Wir sind die Eingeborenen von Trizonesien«, da eine offizielle Hymne nicht vorlag.[14]

Europas schnellste Radrennpiste

»Die gute alte, heute noch höchst moderne Radrennbahn in Müngersdorf nimmt im sportlichen Schauspiel ... neben der Hauptkampfbahn dank ihrer Volkstümlichkeit eine führende Rolle ein.« – so lautete das Resümee beim 25jährigen Stadion-Jubiläum 1948. Bis dahin hielt die Radrennbahn, auch wegen ihrer vielseitigen Verwendung für andere Sportarten, den Zuschauerrekord der gesamten Stadion-

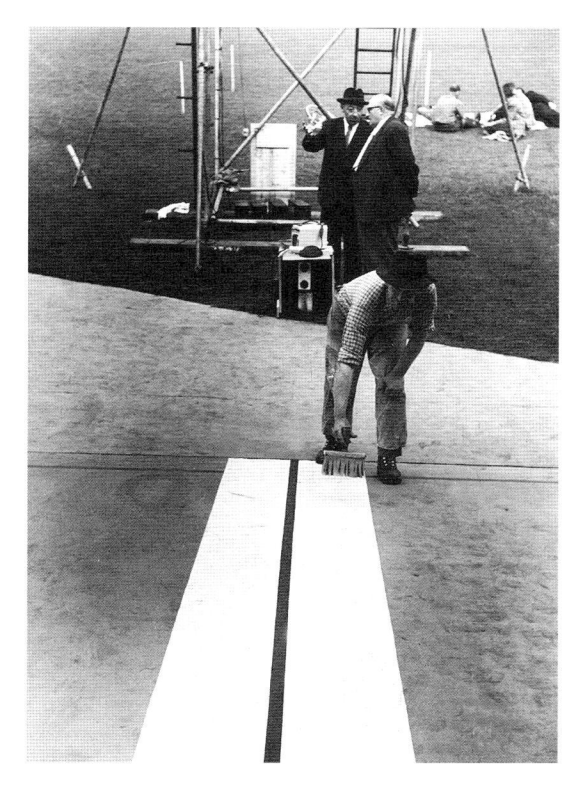

Sportberichterstatter im Innenraum der Müngersdorfer Radrennbahn bei den Weltmeisterschaften Köln, 1954.
links: Letzte Arbeiten an der Zielmarkierung für die Radweltmeisterschaften 1954 in Müngersdorf.

anlage. Neben ihrem Renommee als eine der schnellsten Radrennpisten Europas war sie vor allem auch für die Durchführung von Boxveranstaltungen und Fußballspielen beliebt. Mit der Ausrichtung der dritten Radweltmeisterschaften 1954 war für Köln das vorläufige Ende internationaler Bahn-Radsportveranstaltungen gekommen. Erst mit dem Neubau der modernen Albert-Richter-Radrennbahn an gleicher Stelle wurden die Voraussetzungen dafür geschaffen, an die alte Tradition anzuknüpfen.

Eröffnung der neuen Albert-Richter-Radrennbahn, 1996. Bereits 1990 war der erste Bauabschnitt mit der Inbetriebnahme des Radovals abgeschlossen. In der zweiten Bauphase folgten Umkleide- und Verwaltungsgebäude, Tribünen und Überdachung der Bahn, womit die Bahn nun auch wieder für nationale und internationale Veranstaltungen geeignet ist.

DAS 14. DEUTSCHE TURNFEST 1928

Der eigentliche Höhepunkt aller sportlichen Veranstaltungen im Kölner Stadion vor dem Zweiten Weltkrieg war das 14. Deutsche Turnfest 1928. Bereits am 1. April 1927 erfolgte in Köln die Einrichtung einer Geschäftsstelle im Gebäude des Amtes für Jugendpflege und Leibesübungen, welches durch eine hauptamtliche Kraft besetzt wurde. Am 28. April 1927 beschloß die Stadtverordnetenversammlung, 150 000 RM für die Durchführung des Festes zu bewilligen. Auch dazu hagelte es Proteste von seiten der Kommunisten. »Wir lehnen die Subventionierung der Deutschen Turnerschaft mit einer so hohen Summe grundsätzlich ab. Wir stehen auf dem Standpunkt, daß diese Organisation ein versteckter, ein getarnter Militarismus ist, eine Organisation der Imperialisten, die überhaupt von der kapitalistischen Gesellschaft gehätschelt wird. ... Sie ist auch heute immer noch stolz darauf, den Kapitalisten eine willfährige Armee von Kanonenfutter heranzubilden. Eine derartige Tendenz von Körperpflege müssen wir unter allen Umständen ablehnen.«[15]

Bei den Massenvorführungen auf den Jahnwiesen zeigten ca. 15 000 Turner ihre einstudierten Übungen.

*Dringend: Quartiere für
200 000 Teilnehmer gesucht!*

Die erste Besprechung zwischen Oberbürgermeister Konrad Adenauer, dem Vorsitzenden des Hauptausschusses Barthel Gödde und dem Beigeordneten Dr. Heinrich Billstein fand am 8. Dezember 1927 statt. Eines der größten Probleme war die Unterbringung der zu erwartenden 200 000 Teilnehmer. Nach Erhebungen in den einzelnen Wohnbezirken standen Massenquartiere für 120 000 Personen und Privatquartiere für 20 000 Personen zur Verfügung. 10 000 zusätzliche Unterbringungsmöglichkeiten fand man in Fabriken und Lagerräumen. Auch in den umliegenden Städten wurden weitere Quartiere eingerichtet.

Frisch, Fromm, Fröhlich, Frei …

Die Feierlichkeiten wurden eingeleitet mit dem Start der Rheinstrom-Staffel von Basel nach Köln am Samstag, den 21. Juli 1928. Am Abend fand das »Fest der Rheinländer« im Stadion statt. In Anwesenheit des aus Chicago angereisten Urenkel Jahns und des Vorsitzenden der Deutschen Turnerschaft, Dr. Oskar Berger, wurde einen Tag später aus Anlaß des 150. Geburtstages von Friedrich Ludwig Jahn das Jahndenkmal eingeweiht. Die 15 m hohe Säule mit den symbolischen vier »F« für das Motto »Frisch, Fromm, Fröhlich, Frei« der Deutschen Turnerschaft an der Spitze überragte den Platz von einer kleinen Anhöhe aus und war damals

Einmarsch der amerikanischen Turner zu Sondervorführungen in der Hauptkampfbahn.

weithin sichtbar. Heute verschwindet dieses Denkmal unter den Baumkronen der Alleen.

Am Mittwoch, den 25. Juli, begannen die eigentlichen Hauptfesttage mit der Eröffnungsfeier auf dem Neumarkt. Unter den Ehrengästen weilten der Reichsminister des Innern, Karl Severing, der preußische Wohlfahrtsminister Dr. Hirtsiefer, der Chef der Heeresleitung, General Heye, sowie zahlreiche weitere prominente Vertreter von Reichs- und Staatsbehörden. Von Donnerstag bis Sonntag fanden den ganzen Tag über die Wettkämpfe statt. Höhepunkt der Veranstaltung wurde der Festzug am Schlußtag, der aus der Kölner Innenstadt über die Aachener Straße zum Stadion führte.

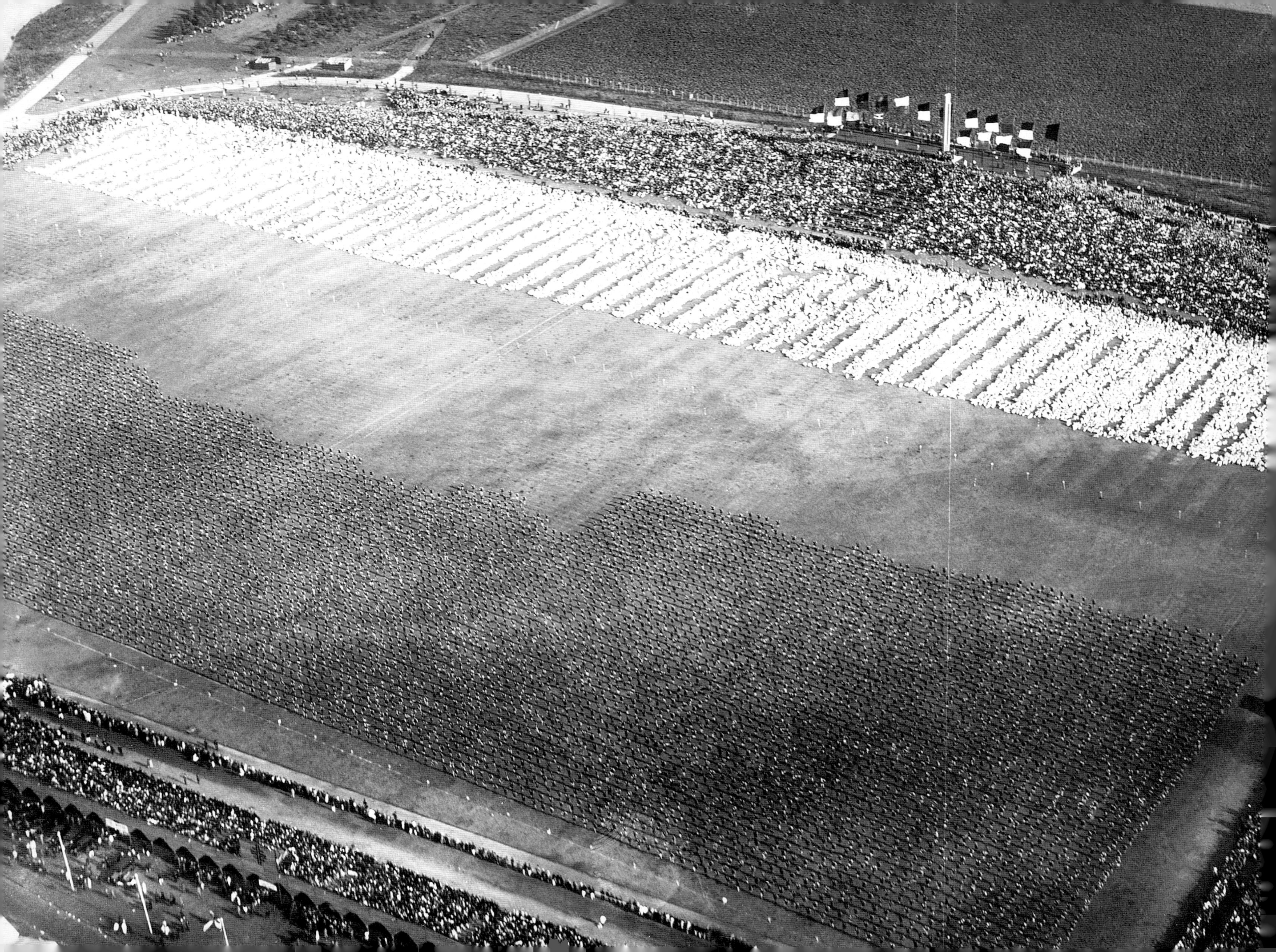

... und die Liebe zum Vaterland

Die abschließenden Freiübungen von 20 000 Turner und Turnerinnen auf den Jahnwiesen waren eine Massendemonstration der deutschen Turnbewegung, die in dieser Zeit vielfach praktiziert wurde. Der Wunsch des Reichspräsidenten, daß diese große Feier nicht nur die Pflege körperlicher Übung verbreiten, sondern auch das Gefühl der Zusammengehörigkeit aller Deutschen und die Liebe zum Vaterland vertiefen möge, wurde in derartigen Demonstrationen besonders deutlich. Beigeordneter Billstein verdeutlichte in seiner Begrüßungsansprache den politischen Charakter des Turnfestes: »Der Schwerpunkt des Festes liegt vielmehr in dem hunderttausendfältigen Bekenntnis der Gleichgesinnung. Es ist ein Fest der Volksfamilie Deutscher Stämme und Landschaften im Gleichklang der Herzen und in dem Bekenntnis zu Deutschland. Die vaterländische Idee hat an der Wiege der Turnbewegung Pate gestanden.«[16] 1969 und 1978 beabsichtigte die Stadt Köln, sich für die Deutschen Turnfeste 1973 bzw. 1983 zu bewerben. Das Projekt wurde aufgrund der Umbauarbeiten am Stadion und der nicht vorhandenen Geldmittel beide Male frühzeitig aufgegeben.

linke Seite: Luftaufnahme der Jahnwiesen während der Massenvorführungen der Frauen beim Deutschen Turnfest. Die weiß gekleideten Turner warten am Rand. Im Vordergrund die zusätzlich errichteten Holztribünen.

Vorturnerpodest und Musikkapelle auf den Jahnwiesen.

Die Deutschen Turn- und Spielmeisterschaften 1949 waren eine Art kleines Turnfest und bis heute die letzte nationale Turnveranstaltung im Stadion. Im Vorfeld der Wiederbegründung des Deutschen Turnerbundes trafen sich bei dieser Gelegenheit zahlreiche Funktionäre in Köln. Dazu gehörten Dr. Willi Schwarz, der spätere Vorsitzende des DTB und Oberbürgermeister von Frankfurt, Walter Kolb, der Rektor der Deutschen Sporthochschule, Carl Diem, der spätere Präsident des DSB, Willi Daume und Johannes Sampels.

Kranzniederlegung aus Anlaß des 100. Todestages von Friedrich Ludwig Jahn am Jahndenkmal, 1952.

Vorturnerinnen auf dem Tribünendach der Hauptkampfbahn bei den Deutschen Turn- und Spielmeisterschaften Köln, 1949.

»AUF DIE PLÄTZE ...«
LEICHTATHLETIK-WETTBEWERBE VOR UND NACH DEM KRIEG

Die ›natürlichen‹ Übungen des Laufens, Springens, Werfens waren schon zu Turnvater Jahns Zeiten neben dem Geräteturnen Bestandteil der Turnkunst. Der immer größer werdende Einfluß des ›englischen‹ Sports, der den Wettkampf- und Leistungsgedanken in den Mittelpunkt rückte, formte die eigentliche Sportart Leichtathletik. Die Quantifizierung der Leistung, das Streben nach Rekorden und die zunehmende Spezialisierung waren zugleich typische Merkmale der modernen Industriewelt. In Deutschland stieß diese Form des »rohen und geistlosen« Sporttreibens bei den Bildungsbürgern und Kulturträgern auf heftige Ablehnung. Die ersten Leichtathleten, die in Deutschland Ende des 19. Jahrhunderts auf den Sportfesten auftraten, waren Fußball- oder Rugbyspieler. Da Fußball und Rugby nach englischem Vorbild nur in bestimmten Jahreszeiten gespielt wurde, trainierten die Sportler in der spielfreien Zeit die leichtathletischen Grunddisziplinen.

Spitzbogenkurve für Spitzenleistungen

Mit zunehmender ›Rekordsucht‹ wurde den anlagetechnischen Voraussetzungen der Wettkampfstätten immer mehr Aufmerksamkeit gewidmet. Die Laufbahn des neu erbauten Kölner Stadions stand dabei im Mittelpunkt des Interesses. Man diskutierte über die optimalen Form der Laufbahn und über die verschiedenen Beläge und deren Behandlung. Die Kölner hatten

Zieleinlauf des 100 m-Laufs bei den Deutschen Leichtathletik-Meisterschaften Köln, 1933. Von links: Schein, Hendrix, Lammers, Borchmeyer, Pflug.

sich für eine sogenannte ›Spitzbogenkurve‹ entschieden, die ihnen anscheinend von einem englischen Fachmann empfohlen wurde. »Die Kölner und ihr englischer Gewährsmann glaubten, in der Spitzbogenkurve, die so konstruiert ist, daß die Ein- und Ausgangsviertel mit dem großen, das Mittelstück mit dem kleinen Radius gezogen wurden, zu erreichen, daß sich die Läufer nicht zweimal, sondern nur einmal in jeder Kurve auf die schärfere Biegung einzustellen haben. Das halte ich für Theorie«, – so die Stellungnahme Carl Diems 1923. Diem merkte weiterhin an, daß selbst wenn er sich damit irren sollte, ein weiterer Nachteil gegeben wäre, denn durch die Verlängerung der Längsachsen würden die Sichtverhältnisse für die Zuschauer schlechter werden.[17] Trotzdem sollte sich die 500 m lange und 7,5 m breite Laufbahn als eine der schnellsten der 30er bis 50er Jahre herausstellen. Der Schwede Petterson lief auf ihr bei einer internationalen Leichtathletikveranstaltung 1928 Weltrekord über 400 m-Hürden. 1929 sprinteten der Amerikaner Tolan und der Deutsche Lammers über die 100 m-Distanz in 10,4 Sekunden.

Anfang der 60er Jahre wurden Rekorde und Bestleistungen auf der 500 m-Bahn vom Internationalen Leichtathletik-Verband nicht mehr anerkannt, weil sich die Bestimmungen geändert hatten. Um auch weiterhin den internationalen Standards gerecht zu werden und sich die Möglichkeit auf die Austragung von Länderkämpfen und offiziellen Meisterschaften zu bewahren, wurde die Bahn für ca. 100 000 DM in eine 400 m-Bahn umgewandelt. Damit einher ging auch eine Verkleinerung des Fußballfeldes. Die Beläge wurden von der anfänglichen Aschenbahn durch eine Kunststoffbahn ersetzt, die letztmalig 1991 renoviert wurde.

Hochklassig besetzte ASV-Sportfeste ...

Zu den bedeutendsten Leichtathletik-Meetings im Kölner Stadion gehört das seit 1934 stattfindende ASV-Sportfest. In den Reihen des renommierten Clubs, der 1929 als »Akademischer Sportverein der Universität Köln« gegründet wurde, engagierte sich vor allem Hürdenläufer und zweifacher Olympiateilnehmer Fritz Nottbrock bei der Organisation und Durchführung leichtathletischer Veranstaltungen vor und nach dem Krieg.¹⁸ Aufgrund seiner guten Kontakte, die er als Nationalmannschaftsteilnehmer mit den Spitzenathleten aus aller Welt pflegte, gelang es ihm, die Meetings hochklassig zu besetzen. Besonders die nacholympischen Wettkämpfe übten eine große Anziehungskraft aus. Unmittelbar nach Beendigung der Leichtathletikwoche, aber noch während der Olympischen Spiele 1936 feierten 35 000 Zuschauer den mit vier Goldmedaillen erfolgreichsten Athleten Jesse Owens, auch wenn er in Köln seinem Landsmann Ralph Metcalfe über die 100m-Distanz den Vortritt lassen mußte. Nach dem Krieg dauerte es bis 1952, ehe das nächste ASV-Sportfest auf dem Programm stand, wiederum im direkten Anschluß an die Olympischen Spiele in Helsinki.

Ehrentribüne beim Internationalen Sportfest des ASV Köln, 1934. In der Mitte: Gauleiter Josef Grohé.

Internationales Sportfest des ASV Köln, 1934.

Einmarsch der Teilnehmer beim 2. Internationalen Sportfest des ASV Köln, 1936.

... das ergibt ansehnliche Weltrekorde in Köln

Es waren aber nicht nur die internationalen Spitzenathleten, wie Paavo Nurmi, Edwin Moses, Carl Lewis, Linford Christie und viele mehr, die die Weltklasse bei diesen Meetings vertraten, der ASV Köln selbst brachte aus den eigenen Reihen zahlreiche große Namen hervor. Mit Christian Busch fand der Verein bereits in den 30er Jahren einen fachkundigen Leichtathleten, der selbst als Trainer tätig war und auch die Trainerausbildung in die Hand nahm. In den 50er und 60er Jahren setzten die Kölner Sprintstars Manfred Germar und Martin Lauer den sportlichen Höhepunkt der hiesigen Leichtathletikszene. Sie waren es auch, die am ersten von insgesamt dreizehn Weltrekorden aller ASV-Sportfeste beteiligt waren. Nach den Europameisterschaften 1958 in Stockholm stellten sie zusammen mit Manfred Steinbach und Heinz Fütterer in 39,5 Sekunden den Weltrekord der USA über die 4 x 100 m-Distanz ein.[19] 1968 übernahm Manfred Germar die immer aufwendiger werdende Organisation der Veranstaltung, die 1985 vom Internationalen Leichtathletik-Verband in die neugegründete Serie des Grand Prix einbezogen wurde. Nur dadurch konnte auch in der Folgezeit die Finanzierung des inzwischen auf 2 Millionen Mark angewachsenen Etats gesichert werden. Der ASV Köln baute in direkter Nachbarschaft zum Kölner Stadion eine neue Sportanlage. 1972 wurde die moderne, anspruchsvolle Wettkampf- und Trainingsstätte eingeweiht. Ulrike Meyfarth, Dietmar Mögenburg, Carlo Thränhard und Brigitte Kraus starteten im Trikot des ASV Köln und gewannen in den folgenden Jahren zahlreiche Titel.

links: Weltrekord-Staffel über 4 x 100 m beim Internationalen Sportfest des ASV Köln, 1958. Germar, Fütterer, Lauer und Steinbach liefen 39,5 Sekunden und stellten damit den Rekord der USA-Staffel ein.
unten: Martin Lauer beglückwünscht Gerhard Hennige beim Internationalen Sportfest des ASV Köln, 1971.

Blick in die Hauptkampfbahn beim Internationalen Abend-Sportfest des ASV Köln.

Programm vom Internationalen Sportfest des ASV Köln, 1965.

In den 90er Jahren lösten die Stars der Mittel- und Langstrecken die Sprinter ab. Unter dem Motto »Weltklasse in Köln« begeisterten sie das Publikum der ASV-Sportfeste. Die kenianischen Läufer Moses Kiptanui und Wilson Kipketer sorgten 1997 für neue Weltrekorde im 3000 m- und 800 m-Lauf. In diesem Jahr fiel auch der letzte Deutsche Leichtathletikrekord, Tim Lobinger übersprang die magische 6 m-Marke im Stabhochsprung. 1998 sollte mit dem 50. ASV-Sportfest ein Jubiläum gefeiert werden. Finanzielle Schwierigkeiten zwangen die Veranstalter jedoch zu einer Absage.

Leichtathletik – nicht immer ein leichtes Geschäft ...

Neben den traditionellen Meetings veranstalteten die Kölner Leichtathleten, allen voran auch hier die Organisatoren des ASV, zahlreiche Länderkämpfe sowie vier Deutsche Meisterschaften in Müngersdorf. Das Fazit der ersten Deutschen Meisterschaften 1933 lautete: »Köln ist keine Leichtathletikstadt«. Anlaß zu dieser Behauptung war der mit 8000 Zuschauern ausgesprochen schwache Besuch der Veranstaltung, wofür vermutlich der hohe Eintrittspreis von 4 RM für einen Tribünenplatz verantwortlich war. Im Sinne nationalsozialistisch geprägter Schönfärberei konnte dieser Tatbestand aber auch so klingen: »Es ist nicht die Aufgabe leichtathletischer deutscher Meisterschaften, riesige Massen zu erfassen. ... Man kann darum nicht leichtathletische Deutsche Meisterschaften vergleichen zum Beispiel mit dem Deutschen Turnfest, das für das Auge und das Herz des Laien ganz gewiß von viel stärkerem Eindruck ist. Ganz abgesehen davon, daß ein Fest, das alle vier Jahre folgt ... notwendig ein anderes in der Gestaltung und in der Wirkung sein muß, als eine Veranstaltung, die zwar auch eine große Heerschau sein soll, aber doch nur eine Heerschau über einen verhältnismäßig kleinen Kreis leichtathletischer Elitetruppen«.[20]

Journalisten und Fotografen umringen den Deutschen Meister über die 100 m-Distanz Fischer aus Krefeld.

... aber immer international

Der erste internationale Vergleich zweier Nationalteams startete 1931 zwischen England und Deutschland. Zwei Wochen vor Ausbruch des Zweiten Weltkrieges trafen diese beiden Mannschaften erneut aufeinander. »Allen Unkenrufen zum Trotz«, so erklärte der englische Kapitän und Hürdenläufer, Lord Burghley, sei

Kampfrichter und Zeitnehmer bei den Deutschen Leichtathletik-Meisterschaften in Köln, 1947.

man nach Deutschland gekommen, denn »die Politik ginge die Sportler nichts an, und wenn man in ihrem Tun schon eine Politik erblicke, dann könne es nur ein Wille zur Verständigung sein.«[21] Die enge Beziehung zur englischen Leichtathletikszene setzte sich auch nach dem Krieg fort. Eine der frühen internationalen Vergleiche nach 1945 war das Aufeinandertreffen der Studenten der Universität Oxford und der westdeutschen Hochschulen 1947 in Köln. Im gleichen Jahr richtete der ASV Köln die 50. Deutschen Leichtathletik-Meisterschaften aus. Nachdem bereits 1946 Sportler aus den britischen Zonen beim »Tag der Meister« ihre ersten Wettkämpfe in Köln ausgetragen hatten, sollten nun alle Zonen beteiligt werden. Trotz Startverboten und Reisebehinderungen in der französischen Zone kam es zu zahlreichen Starts illegal angereister Sportler, die sich unter falschem Namen anmeldeten. Aufgrund der vielen noch am Wettkampftag angenommenen Meldungen konnten nicht alle 900 Teilnehmer untergebracht werden, so daß einige unter freiem Himmel übernachten mußten.

Ein Höhepunkt in der Geschichte der deutschen Leichtathletik war der Länderkampf Deutschland gegen Polen im September 1959. Durch einen sensationellen Sieg der deutschen Mannschaft, wobei auch die über 20 Jahre alten Rekorde von Rudolf Harbig über 400 m und 800 m verbessert wurden, rückte Deutschland auf Rang zwei hinter der Sowjetunion in der Europawertung.

Programmheft der Westdeutschen Leichtathletik-Meisterschaften in Köln, 1952.

Programmheft des Leichtathletik-Länderkampfes Deutschland gegen Polen, 1959.

DIE GROSSEN SPORTLICHEN EREIGNISSE IM STADION

»BAUT STADIEN FÜR 100 000«
DER FUSSBALLSPORT IN MÜNGERSDORF

Die große Zeit des Fußballsports in Deutschland war in den 20er und 30er Jahren zwar noch nicht erreicht, aber es herrschte bereits eine regelrechte Fußball-Euphorie, die sich in den immensen Zuschauerzahlen widerspiegelte. Der Deutsche Fußballbund vergab seine Länderspiele gerne nach Köln, da hier die größten Einnahmen zu erwarten waren. Spiele mit 50 000 bis 70 000 Besuchern waren keine Seltenheit. »Baut Stadien für 100 000« forderte der Kölner Stadt-Anzeiger 1930 in einem Artikel über die Fußballbegeisterung in Deutschland. Vor allem gebe es eine Länderspiel-Psychose, weil Deutschland meist auf der Gewinnerseite stehe.[22] Beeindruckende Fotos vom vollbesetzten Oval der Hauptkampfbahn mit Zuschauern auf Bäumen, Masten und Zäunen lassen ein wenig von der Faszination und Atmosphäre spüren, die dieser Sport auf die Massen ausübte. Beim deutschen Meisterschaftsendspiel zwischen Schalke 04 und VfB Stuttgart 1935 wurde das Fassungsvermögen mit Hilfe einer Nottribüne auf 74 000 Zuschauer gebracht. Dies war bis zu den Olympischen Spielen 1936 die höchste Zuschauerzahl in einem deutschen Stadion.

Die imposante Kulisse beim Fußball-Länderspiel Deutschland gegen Schweden in Köln, 1929.

*Beim Fußball-Länderspiel Deutschland gegen Spanien 1935 wurden zusätzliche Tribünen errichtet, die jenseits der Baumgrenzen zu erkennen sind.
rechts: Der Hitlergruß gehörte seit 1933 zur offiziellen Zeremonie vor dem Spiel.*

Damals: die ersten mitreißenden Radioreportagen vom Dach des Stadions ...

Mitverantwortlich für die Begeisterung der Massen für diesen Sport wurden auch die ersten Radioreportagen, die seit Ende der 20er Jahre über den Äther gingen. Vom Dach des Stadions aus berichtete Bernhard Ernst, einer der ersten Sportberichterstatter des Westdeutschen Rundfunks. Seine Direktübertragungen vom Rande des Geschehens gestaltete er so lebendig und mitreißend, daß der Funke der Begeisterung übersprang. Er selbst nannte seinen Reportagestil »Rundfunkfilm«, bei dem es wie beim Fotografieren darauf ankäme, das Original auf die Platte zu bekommen. Auch Berichte des Sportjournalisten Willi Busse offenbaren eine leidenschaftliche Begeisterung für die Fußballspiele der 20er und 30er Jahre: »Hier haben wir in Wind und Wetter gestanden, wir hielten aus in Hemdsärmeln, und ich erinnere mich, einmal in klirrender Kälte eine für Stunden warm bleibende Pellkartoffel in die Tasche des dicken Wintermantels gesteckt zu haben.« Zum Zeitpunkt des Fußball-Länderspiels Deutschland gegen Ungarn 1941 war Busse als Soldat an der Ostfront. »Aber nie in meinem bald 50jährigen Fußballeben habe ich, als die Kunde zu mir drang, ein Spiel im Geiste so erlebt wie dieses, das meine Gedanken in das heimatliche Stadion mit unwiderstehlicher Gewalt zog.«[23] In diesem Spiel schoß im übrigen der spätere Bundestrainer Helmut Schön zwei der sieben Tore für die deutsche Mannschaft.

... heute: moderne Medienarbeitsplätze

Die mediengerechte Ausstattung ist heutzutage wichtige Voraussetzung für die Wettbewerbsfähigkeit einer Sportarena bei der Vergabe von Veranstaltungen. Das Müngersdorfer Stadion verfügt im Sitzplatzbereich der Westseite über 84 feste Arbeitsplätze für Pressevertreter von Zeitungen mit Schreibplatten und Anschlüssen für Telefon und Strom. In Höhe der Spielfeldmitte wurden vierzehn Sprecherkabinen für Rundfunk- und Fernsehreporter eingebaut. Im Bedarfsfall läßt sich der Bereich auf 400 Medienarbeitsplätze umrüsten.

Die gefeierte deutsche Nationalelf ...

Bis 1998 sahen die Kölner Fußballfans die Deutsche Nationalelf in insgesamt 20 Spielen, wovon nur eines verloren wurde, und zwar 1935 gegen Spanien. Das erste Spiel nach dem Krieg bestritt Deutschland gegen Irland 1952 mit dem Ergebnis 3:0. Die beeindruckende Szenerie der 74 000 Zuschauer erhielt bei diesem Spiel noch eine besondere Note, denn »die große Fußballgemeinde hat als erstes ›Gremium‹ Gebrauch davon gemacht, daß Bundespräsident Heuß das Deutschlandlied legalisierte«. Der wiedererwachende Nationalstolz und das Gefühl des »wir sind wieder wer« wurde auch in der begleitenden Presse deutlich: »Kurz nach dem Zusammenbruch, um Weihnachten 1945, sah ich diesen trostlosen Trümmerhaufen, der ehemals Köln war ... Und Heute! Die 75 000 um den sattgrünen Rasen bilden einen imponierenden Rahmen. Wieder, wie immer schon, scheint einem etwas ins Auge gefallen zu sein; als die Nationalhymnen ertönen. Zuerst die irische und dann – Wunder über Wunder – das Deutschlandlied. Als Text singt die Masse die erste Strophe.«[24]

... landet Treffer über Treffer

Mit einem Sieg über Nordirland endete auch der erste Länderkampf im neuerbauten Stadion 1977. Die Kölner Farben in der siegreichen Nationalelf vertraten damals Dieter Müller und Heinz Flohe. Beide erzielten jeweils ein Tor der insgesamt fünf Treffer. Eines der wichtigsten Spiele wurde das Europameisterschaft-Qualifikationsspiel 1979 gegen Wales. Die Aufgabe gegen die Waliser, die als Gruppenerster nach Müngersdorf reisten, war mehr als schwer. In einem ausverkauften Stadion bot die deutsche Mannschaft mit den Kölnern Bernd Cullman und Bernd Schuster in ihren Reihen eine grandiose Leistung und siegte mit 5:1 Toren. Im Verwaltungsbericht der Stadt Köln heißt es dazu: »In diesem vor rund 56 000 Zuschauern und zahlreichen Ehrengästen (unter ihnen der ehemalige Außenminister der USA, Henry Kissinger, sowie mehrere Landes- und Bundesminister) ausgetragenen Spiel siegte die deutsche Mannschaft ... Die Stadt Köln hat sich hierbei mit einer von allen Seiten als vorbildlich bezeichneten Organisation für die Durchführung weiterer großer nationaler und internationaler Veranstaltungen im Stadion nachdrücklich empfohlen.«[25] Rund 10 Jahre später kam es zu einer Wiederholung dieser Spielpaarung, diesmal ging es um den Einzug in die Weltmeisterschaftsendrunde. Auch dieses Spiel konnte die deutsche Mannschaft für sich entscheiden.

Nachdem die Stadt Köln die Bewerbung für die Fußballweltmeisterschaft 1974 zurückziehen mußte, war die Europameisterschaft 1988 die bisher einzige Gelegenheit, am großen internationalen Fußballgeschehen teilzunehmen. Zwei Vorrundenspiele fanden im ausverkauften Müngersdorfer Stadion statt. Die Begegnung Holland gegen die UdSSR war zugleich auch die spätere Finalpaarung. In der Vorrunde unterlag allerdings der spätere Europameister Holland mit seinem Stürmerstar Ruud Gullit der russischen Elf mit 0:1 Toren. 40 000 holländische Fans feuerten ihr »Oranje-Team« in dieser Begegnung an. Im zweiten Vorrundenspiel besiegte Italien die Mannschaft aus Dänemark mit 2:0 Toren.

*Straßenbahnen vor dem Stadion erwarten die Besucher zur Rückfahrt, 1953.
oben: Eintrittskarte vom Fußball-Länderspiel Deutschland gegen Österreich, 22. März 1953.*

*Besucher vor den alten Kassenhäuschen beim Fußball-Länderspiel Deutschland gegen Österreich, 1953.
rechts: Einmarsch der Mannschaften beim Internationalen Jugendturnier der FIFA in Köln, 1954.*

Plakat des Fußball-Länderspiels Deutschland gegen Wales 1989.

Zweifelhafte Tore und ein physikalisches Problem

Neben den Länderspielen waren in der Zeit vor dem Zweiten Weltkrieg auch Vergleiche zwischen Städtemannschaften ausgesprochen beliebt. Kurz nach dem Stadion-Eröffnungsspiel zwischen Köln und Hamburg trafen im November 1923 die Mannschaften von Köln und Leipzig aufeinander. Lange bevor das sogenannte »Wembley-Tor« von 1966 in die Fußballgeschichte eingehen sollte, ereignete sich bei diesem Spiel eine ähnliche Szene. Die Sportpresse berichtete: »Nicht das Ergebnis von 1:0

war ausschlaggebend für dieses Plus, denn es war ein zweifelhaftes Tor nach Meinung der Kenner. Der Internationale Dr. Bauwens war im Zweifel über die Berechtigung des gegebenen Erfolges, aber wir sagten uns, ein Ball, der an die Kopflatte kommt und senkrecht zu Boden schlägt, muß nach den Gesetzen der Physik auch senkrecht zur Kopflatte angekommen sein.« So einfach war das und keiner hatte dem Schiedsrichter widersprochen.

Abschied vom verdienstvollen Major Davison

Nach dem Krieg stand das Stadion unter englischer Flagge. Intensive Kontakte zu den englischen Fußballern pflegte Dr. Peco Bauwens, der seit 1932 im internationalen Fußballgeschäft als Schiedsrichter tätig war. Der spätere Präsident des Deutschen Fußballbundes war nun die treibende Kraft zur Wiederbelebung des Fußballsports in Köln. Schon sehr bald fanden hier die ersten Spiele statt, vor allem gegen britische Soldatenmannschaften unter der Leitung des englischen »Stadion-Kommandanten« Davison. Am 30. Juni 1946 trafen die Auswahlmannschaften Süddeutschlands und Westdeutschlands vor 50 000 Zuschauern aufeinander. Das Spiel endete mit 4:3 Toren für den Süden. Am gleichen Tag standen sich auch die beiden Handballmannschaften aus Süddeutschland und Westdeutschland gegenüber. Im Februar des darauffolgenden Jahres nahm die Kölner Sportöffentlichkeit offiziell Abschied von Major Davison, der als bewährter Schiedsrichter eine gewisse Popularität erlangt hatte. »Sie alle hatten sich im Stadion eingefunden, um von Sgt.-Maj. Davison Abschied zu nehmen, dem verdienstvollen Platzkommandanten des Stadions, der demobilisiert wird und nach England zurückkehrt. Es bedeutet in keiner Weise eine Verbeugung vor der Besatzungsmacht, wenn man diesem Manne nachsagt, daß sein Name mit der Nachkriegsgeschichte des Kölner Stadions unzertrennbar verknüpft bleiben wird. Der alte Blackburn-Rover-Spieler, Sportlehrer

Großsporttag im Kölner Stadion, 5. April 1947. Der Oberbürgermeister aus Birmingham und der Kölner Oberbürgermeister Hermann Pünder begrüßen die Kölner Stadtmannschaft. Vierter von links: Hennes Weisweiler, vorne rechts: Peco Bauwens und Colonel White.

und Schiedsrichter, hat in unendlich mühevoller Arbeit das schwerbeschädigte Stadion wieder hergerichtet und es dem Kölner Sport zur Verfügung gestellt. Unablässig bemüht, weitere Verbesserungen zu erreichen, immer den Wünschen der Sportler zugänglig, erwarb der äußerlich rauh und polternd wirkende Davison sich in ständig steigendem Maße die Sympathien der Kölner Sportführer und Aktiven. Er selbst aber verwuchs nicht nur mit dem Stadion, sondern auch mit Köln, seinen Menschen und Sportlern.«[26]

Mit großem Interesse wurde das erste deutsche Meisterschaftsendspiel nach dem Krieg verfolgt, das am 7. August 1948 in der Hauptkampfbahn stattfand. Der 1. FC Nürnberg und der 1. FC Kaiserslautern trennten sich mit 2:1 Toren. 60 000 Zuschauer feierten den Deutschen Meister 1948 unter stürmischem Beifall.

Fußballspiel Norddeutschland gegen Westdeutschland, 4. April 1948.
oben: Besucher des Fußballspiels Norddeutschland gegen Westdeutschland auf der Fahrt ins Müngersdorfer Stadion, 1948. Die entgleiste Straßenbahn wird von tatkräftigen Fahrgästen wieder in die Schienen gehoben.
rechts: Begeisterte Zuschauer feiern den 1. Deutschen Fußball-Meister nach dem Ende des Zweiten Weltkriegs. Im Kölner Stadion besiegt der 1. FC Nürnberg mit 2:1 Toren die Mannschaft aus Kaiserslautern, 8. August 1948.

KÜHLSCHRANK ODER HEXENKESSEL –
DAS MÜNGERSDORFER STADION ALS HEIMAT DES 1. FC KÖLN

Die Anfänge des vereinsgebundenen Fußballsports in Köln verliefen eher schleppend. 1899 kam es zur Gründung der ersten beiden Vereine, dem Kölner Fußball-Club und dem Kölner Club für Rasenspiele.[27] Obwohl die »Fußlümmler« durchaus den ein oder anderen sportlichen Erfolg in der Region feiern konnten, wie die Westdeutsche Meisterschaft des Kölner Ballspiel Clubs im Jahre 1912, und auch den ein oder anderen Nationalspieler aus ihren Reihen stellten, waren die hiesigen Kicker auf überregionaler Ebene eher ohne Bedeutung. Die zahlreichen Vorortvereine, die in den einzelnen Stadtteilen zu Beginn des 20. Jahrhunderts entstanden, verfügten meist über eigene, ortsnahe Plätze. Der mitgliederstärkste Verein, der Kölner Ballspiel-Club von 1901 (KBC), wechselte 1924 von seiner Heimatanlage hinter dem Klettenbergpark zum neu angelegten Platz an der Militärringstraße. Das Gelände am ehemaligen Zwischenwerk VII a umfaßte neben zwei Fußballplätzen mit Laufbahn auch mehrere Tennis-

Hennes Weisweiler beim Training mit der Mannschaft des 1. FC Köln auf den Stadion-Vorwiesen, 1950.

links: Korbball-Training der Mannschaft des
1. FC Köln in der Radrennbahn, 1950.
oben: Torwart-Training in der Radrennbahn,
um 1950. Die für das Torwart-Training konstruierte Holzwand war eine Erfindung von
Hennes Weisweiler.

plätze und ein Klubhaus. Der zweite Südstadtverein, Sülz 07, spielte in einer Kiesgrube an der Berrenrather Straße. Als die Stadt die Anlage des Beethovenparks in Angriff nahm, mußte der Verein weichen. Als Ersatz diente der im Grüngürtelgelände liegende Sportplatz am ehemaligen Zwischenwerk VI b, die heutige Heimat des 1. FC Köln. Die erste Mannschaft trug seit 1925 ihre Heimspiele in der Müngersdorfer Radrennbahn aus. Der enge Kontakt zu den Sülzer Anhängern ging dadurch zwar verloren, aber man stellte fest, daß kein anderer Platz in Köln so dazu angetan wäre, »unser Können in das Rampenlicht der Öffentlichkeit zu stellen, uns populär zu machen, wie gerade die ideale Kampfstätte der Kölner Radrennbahn.«[28] In der Folgezeit feierte der Verein dann auch seinen größten Erfolg mit dem Gewinn der Westdeutschen Meisterschaft 1928.

Auf Erfolgskurs

Nach 1945 sollten die Kölner endlich Gelegenheit bekommen, ihrem eigenen Spitzenverein zuzujubeln, denn mit der Fusion des KBC und Sülz 07 zum 1. FC Köln begann eine neue Ära im Kölner Fußballsport. Bereits ein Jahr nach seiner Gründung 1948 gelang dem 1. FC Köln der Aufstieg in die Oberliga West gegen den Nachbarn Bayer Leverkusen. Die Heimspiele fanden zunächst in der Müngersdorfer Radrennbahn statt, bevor man in das große Stadionoval umzog. Hier wurde 1958 die erste Flutlichtanlage installiert. Trainiert wurde auf den Stadionvorwiesen bzw. im Winter in der nahegelegenen Turnhalle des Stadions. Unter Trainer Weisweiler, der von 1949 bis 1953 die Mannschaft betreute, wurden die ersten sportlichen Erfolge gefeiert. Als der Verein 1961 sein 60jähriges Bestehen feierte, konnte der Franz-Kremer-Klub auf mehrere westdeutsche Meistertitel und die Deutsche Vizemeisterschaft 1960 zurückblicken. In fast pathetischer Weise wurde in der erschienenen Jubiläumsschrift der Kölner Sportsgeist beschworen: »Der Sport ist eine

FC-Spieler Hans Schäfer mit dem Maskottchen des 1. FC Köln im Kölner Stadion, um 1964.

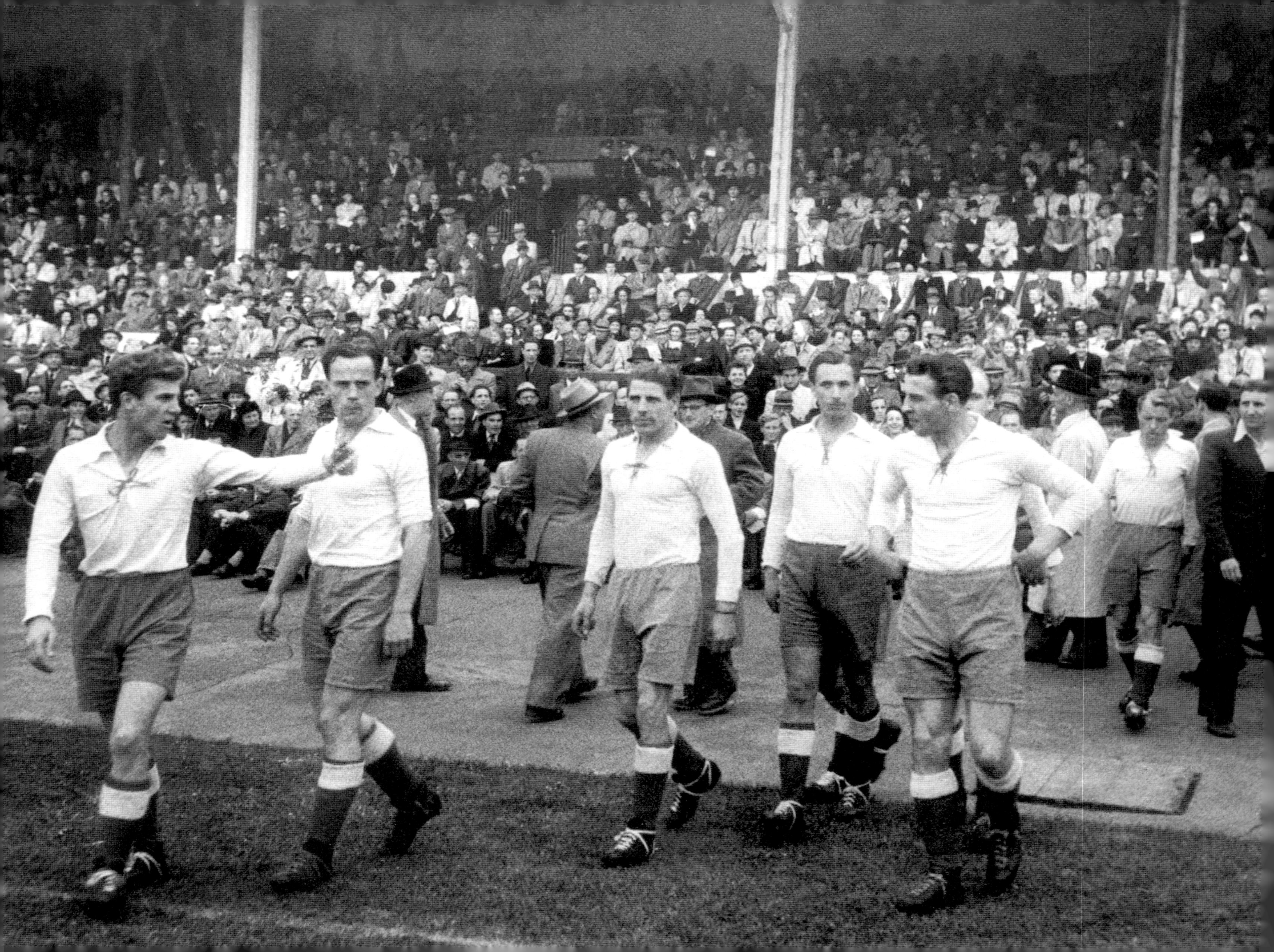

Oase des Friedens, und Köln ist keine aufrührerische Stadt. ... Der in seiner Urkraft fundamentale konservative Geist stellt sich in Köln, neben dem streng gehüteten Brauchtum im Karneval, auch in der unberührten Form des alten Stadions dar, das einst ein Ausdruck fortschrittlicher Schöpfung war.«[29] 1962 gewannen die Kölner Geißböcke erstmals die Deutsche Meisterschaft. Zwei weitere Meistertitel sollten folgen. Mit dem Gewinn der Meisterschaft 1964 machte die Mannschaft des 1. FC Köln Geschichte, denn dies war zugleich der erste Meistertitel in der neugegründeten Bundesliga. Die einheitliche oberste Spielklasse, modernes Management in der Vereinsführung und kaufmännisches Geschick – all dies waren Verdienste des FC-Präsidenten Franz Kremer, der den Verein in den 60er Jahren zu einem Vorzeigeclub mit neuen Maßstäben innerhalb Deutschlands machte. Es war der erste Verein, der nach dem Gewinn einer Meisterschaft vom Regierungschef der Bundesrepublik eingeladen wurde.

Spielszene 1. FC Köln gegen Borussia Dortmund, 1950.
linke Seite: Die Mannschaft des 1. FC Köln vor dem Aufstiegsspiel gegen Leverkusen in der Radrennbahn, 8. Mai 1949.

Vorläufige Trennung vom heimatlichen Stadion ...

Während der Umbauphase zwischen 1971 und 1975 mußte der 1. FC Köln erneut in die Radrennbahn ausweichen. Seit ihrem Aufstieg in die Regionalliga 1967 spielte auch die Mannschaft der Fortuna Köln in der Müngersdorfer Radrennbahn und schaffte 1973 sogar den Sprung in die oberste Spielklasse. Ein Jahr später folgte wieder der Abstieg in die neu eingerichtete eingleisige 2. Bundesliga. Am Silvesternachmittag 1973 nahmen der 1. FC Köln und Fortuna Köln offiziell Abschied von der alten Hauptkampfbahn. Nach einem gemeinsamen Training und anschließendem Kurzspiel feierten die Zuschauer bei Freibier und Musik das Ende einer Stadionära. Hans Gerhard König,

Hennes Weisweiler beim Wintertraining im Stadiongebäude, um 1950.

dessen Stimme 15 Jahre lang die Stadionveranstaltungen begleitet hatte, erinnerte noch einmal an vergangene Tage: »Die Geschichte des Kölner Stadions ist nicht beendet, sie wird durch Bagger und Kräne nur unterbrochen.«

... und Umzug in ein zuweilen recht heißes Provisorium

Eine zusätzlich installierte Stahlrohrtribüne erhöhte das Fassungsvermögen der Radrennbahn auf knapp 29 000 Zuschauer. Ein Provisorium, das die Gemüter erregte, und von allen Seiten kritisiert wurde. »Zunächst glaubte der Betrachter an eine ganz passable Übergangslösung. Erst als sie sich bewähren sollte und in ständige Benutzung genommen wurde, stellten sich viele und große Mängel heraus. Beschämende Mängel, peinlich gegenüber Gästen aus dem In- und Ausland. Angefangen von den schlechten Zugangswegen über begrenzte Platz- und Sichtverhältnisse, unzureichende Arbeitsmöglichkeiten für Presse, Funk und Fernsehen bis hin zu fehlenden sanitären Einrichtungen«, so lautete das Urteil in einer Veröffentlichung des 1. FC Köln von 1973. Insbesondere die Reporter der Boulevard-Presse bezeichneten das Radstadion als »Bruchbude«, die die Vereine um ihre Einnahmen bringen würde, weil die Zuschauer wegblieben. Andere Töne schlugen dagegen die Spieler selbst an: »Als wir am 14. August 1971 zum ersten Bundesligaspiel gegen Werder Bremen in die Radrennbahn einliefen, war uns Spielern doch ein wenig flau. Von der Riesenschüssel Hauptkampfbahn in das Ministadion ... Erst als wir in Meisterschaft und Europapokal hervorragende Leistungen boten, kamen die Fans wieder. Und plötzlich merkte jeder, was für ein Hexenkessel diese Radrennbahn sein konnte. Die Atmosphäre war einmalig. Der hautnahe Kontakt zwischen Zuschauer und Spieler hat mich oft beflügelt.«[30] Der genannte Hexenkessel, der die Stimmung so richtig anheizte, führte auch zu diversen Zwischenfällen.

Nach ihrem Abschiedsspiel tragen Spieler des 1. FC Köln die ersten Zementsäcke zur Baustelle, 31. Dezember 1973. Von links: Bernd Cullmann, Hannes Löhr. oben: Der Karnevalsorden des 1. FC Köln von 1972 zeigt den Geißbock im Drahtkäfig der Radrennbahn.

Der um das Spielfeld errichtete 2,5 m hohe Zaun wurde von den Zuschauern binnen kurzem abgerissen und von der Stadionverwaltung durch einen kleineren ersetzt. Prügeleien auf den Rängen, aber auch auf dem Rasen waren nicht selten. Zweimal wurde die Holztribüne in Brand gesetzt, wobei jedoch keiner zu Schaden kam. In die Diskussion um den Neubau des Stadions schalteten sich auch die Fußballvereine ein. »Ohne neues Stadion ist der 1. FC Köln kaputt« lautete 1973 die Schlagzeile der Kölnischen Rundschau, die den FC-Manager Karl-Heinz Thielen zitierte.[31] Diese Aussage bezog sich vor allem auf die wirtschaftliche Situation des Vereins. Das Vorhandensein eines modernen Stadions war schon mit Einrichtung der obersten Spielklasse 1963 ein maßgebliches Kriterium für die »Bundesligatauglichkeit« der Vereine. Durch die Finanzierung der Stadionneubauten in vielen Städten Deutschlands für die Fußball-Weltmeisterschaft 1974 wurden neue Maßstäbe gesetzt. Obwohl Köln seine Bewerbung zurückzog, hielt man mit der Entwicklung Schritt. Mit dieser indirekten Subvention des kommerziellen Fußballs traten die Städte gleichfalls in einen Konkurrenzkampf, bei dem es um Prestige und Wirtschaftsfaktoren ging.

Freudige Begrüßung des neuen Stadions – aber ein Bau mit Kühlschranktemperaturen?

Am 12. November 1975 wurde das neue Stadion mit einem Spiel zwischen 1. FC Köln und Fortuna Köln und einem umfangreichen festlichen Rahmenprogramm eingeweiht. »Kölns Fußballer zelebrieren die Einweihung unter sich«, hieß es, nachdem im Vorfeld auch Partien gegen namhafte ausländische Mannschaften, wie FC Barcelona oder Leeds United, im Gespräch waren. Auf Eintrittsgelder für die zu erwartenden 60 000 Zuschauer wurde dabei nicht verzichtet. Damit die Kölner ihr Stadion kostenlos aus

Plakat vom Eröffnungsspiel des neuen Stadions zwischen Fortuna Köln und dem 1. FC Köln, 12. November 1975.

der Nähe besichtigen konnten, fand im November ein Tag der offenen Tür bei Erbsensuppe und Kölsch statt. Obwohl der Neubau durchaus finanzielle Vorteile für den Verein brachte, gab es später auch kritische Stimmen. Ein vernichtendes Urteil über die Atmosphäre im Stadionoval sprach Torhüter Toni Schuhmacher, der bei geringer Auslastung meinte, in einem »Kühlschrank« zu spielen. Ärger gab es zudem mit dem neu verlegten Rasen, der bereits nach wenigen Monaten nicht mehr bespielbar war und ausgewechselt werden mußte. Dennoch gelang dem 1. FC Köln 1978 der Gewinn des vielbegehrten »Double« mit dem dritten deutschen Meistertitel und dem Sieg im Deutschen Pokalfinale.

Höhepunkte ...

Am 11. Juni 1983 erlebte der Kölner Fußball einen denkwürdigen Tag, standen doch mit dem 1. FC Köln und Fortuna Köln gleich zwei Clubs aus der Domstadt im Finale um den Deutschen Pokal. Mit einem knappen 1:0 gewannen die favorisierten Geißböcke, obwohl die Sympathien der 47 000 Zuschauer auf seiten der Verlierer lagen. Seit den späten 80er Jahren sind die Höhepunkte in der Kölner Fußballszene eher rar geworden. Anfang der 90er Jahre geriet der 1. FC Köln sogar in akute Abstiegsnöte. Oberstadtdirektor Lothar Ruschmeier befürchtete eine Katastrophe für die Region, wobei er auf den hohen »Identifikationswert für die Menschen« hinwies.[32] Wirtschaftliche Nachteile entstünden nicht nur dem 1. FC Köln, sondern auch der Stadt. Mit 10% war die Stadt an den Brutto-Einnahmen der Eintrittsgelder beteiligt, verdiente an Parkgebühren, am Verkauf von Werbeflächen über die Kölner Außenwerbung sowie durch die Kölner Verkehrsbetriebe, die alle 14 Tage fast 12 000 Gäste in 20 Sonderzügen nach Müngersdorf brachten.

Glückwünsche und Blumen für den Bundesliga-Aufsteiger SC Fortuna Köln vor dem letzten Heimspiel gegen FC St. Pauli in der Radrennbahn, 24. Juni 1973.

... und Tiefen im Vereinsleben

1998 wurde der Fall des einstmals so renommierten Clubs in die Zweitklassigkeit traurige Wirklichkeit. Auch wenn mit dem benachbarten TSV Bayer 04 Leverkusen ein Erstligaverein weiterhin für sportliche Höhepunkte in der Region sorgt, sind die Konsequenzen für die Stadt Köln und den Stadionbetrieb noch nicht abzusehen. Um im Fußballgeschäft mitzuhalten, müssen immer wieder Geldmittel bereitgestellt werden, die im Grunde nur mit einer erstklassigen Mannschaft refinanziert werden können. Inzwischen konkurrieren andere Sportarten mit dem Fußball um die Gunst der Zuschauer. Daneben gibt es erhebliche Probleme mit randalierenden Fans und Chaoten, die nicht nur die Kicker in Verruf bringen, sondern auch ständige Maßnahmen von seiten der Kommunen erfordern. Nach den tragischen Ereignissen im Brüsseler Heyselstadion 1988 verbesserte man die Sicherheitsvorkehrungen im Stehplatzbereich des Kölner Stadions. Die Zahl der »Wellenbrecher« wurde verdoppelt und durch den Einbau einer Not-Toranlage eine zusätzliche Ausgangsmöglichkeit geschaffen. Um dem zunehmenden Rechtsextremismus entgegenzuwirken, wurde 1994 vom Bundes-Innenminister eine »Musterstadionordnung« entworfen, die das Tragen neonazistischer Symbole und das Verteilen von Hetzschriften verbot.

Plakate von Bundesligaspielen des 1. FC Köln

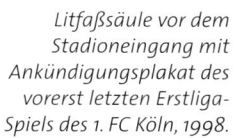

Litfaßsäule vor dem Stadioneingang mit Ankündigungsplakat des vorerst letzten Erstliga-Spiels des 1. FC Köln, 1998.

Neue Verordnungen gegen randalierende Fans und Chaoten

Für die Saison 1998/99 besagen die neuen Richtlinien der Fußballverbände FIFA und UEFA, daß internationale Begegnungen nur noch in reinen Sitzplatzstadien durchgeführt werden dürfen. Auch der Deutsche Fußballbund schloß sich diesen Verordnungen an. Nach dem Motto: »Wer sitzt, prügelt nicht« wollte man vor allem den Gewalttätigkeiten ein wirksames Mittel entgegensetzen. Wenn man im internationalen Fußballgeschäft weiterhin am Ball bleiben wollte, mußten die notwendigen Umbaumaßnahmen finanziert werden. Fanorganisationen und Vereinsfunktionäre befürchteten allerdings negative Konsequenzen für die Stimmung in der Kölner Südkurve und sorgten sich um die Volkstümlichkeit des Fußballs. Die notwendigen Kartenpreiserhöhungen stießen auf harte Kritik. Eine Lösung fand man letztendlich durch den Einbau sogenannter Variositze, verstellbare Klappstühle, die problemlos zu Sitz- oder Stehplätzen umgewandelt werden können. Der Umbau kostete mehr als sechs Millionen Mark. Damit erhielt man sich aber alle Chancen auf die Ausrichtung von Weltmeisterschaftsspielen im Jahr 2006, für den Fall, daß Deutschland den Zuschlag erhält.

Auch gegen Stadion-Alterung ist kein Kraut gewachsen

Darüber hinaus denkt man in jüngster Zeit immer mehr über den Bau reiner Fußballstadien nach. Der Manager Uli Hoeneß vom FC Bayern München meinte, »die Atmosphäre im weitläufigen Olympiastadion kostet uns 2, 3, 4 Punkte im Jahr«.[33] Stadien aus den 70er Jahren sind schon wieder veraltet. In Müngersdorf kritisiert man vor allem den eingeschränkten Parkraum und die veraltete Technik, die besonders den medientechnischen Voraussetzungen, die heute an moderne Fußballübertragungen gestellt werden, nicht mehr gerecht wird. Ein reines Fußballstadion, wie beispielsweise in Leverkusen, Dortmund oder Gelsenkirchen, wird es in Köln, erst recht nach dem Abstieg des 1. FC Köln, in naher Zukunft nicht geben.

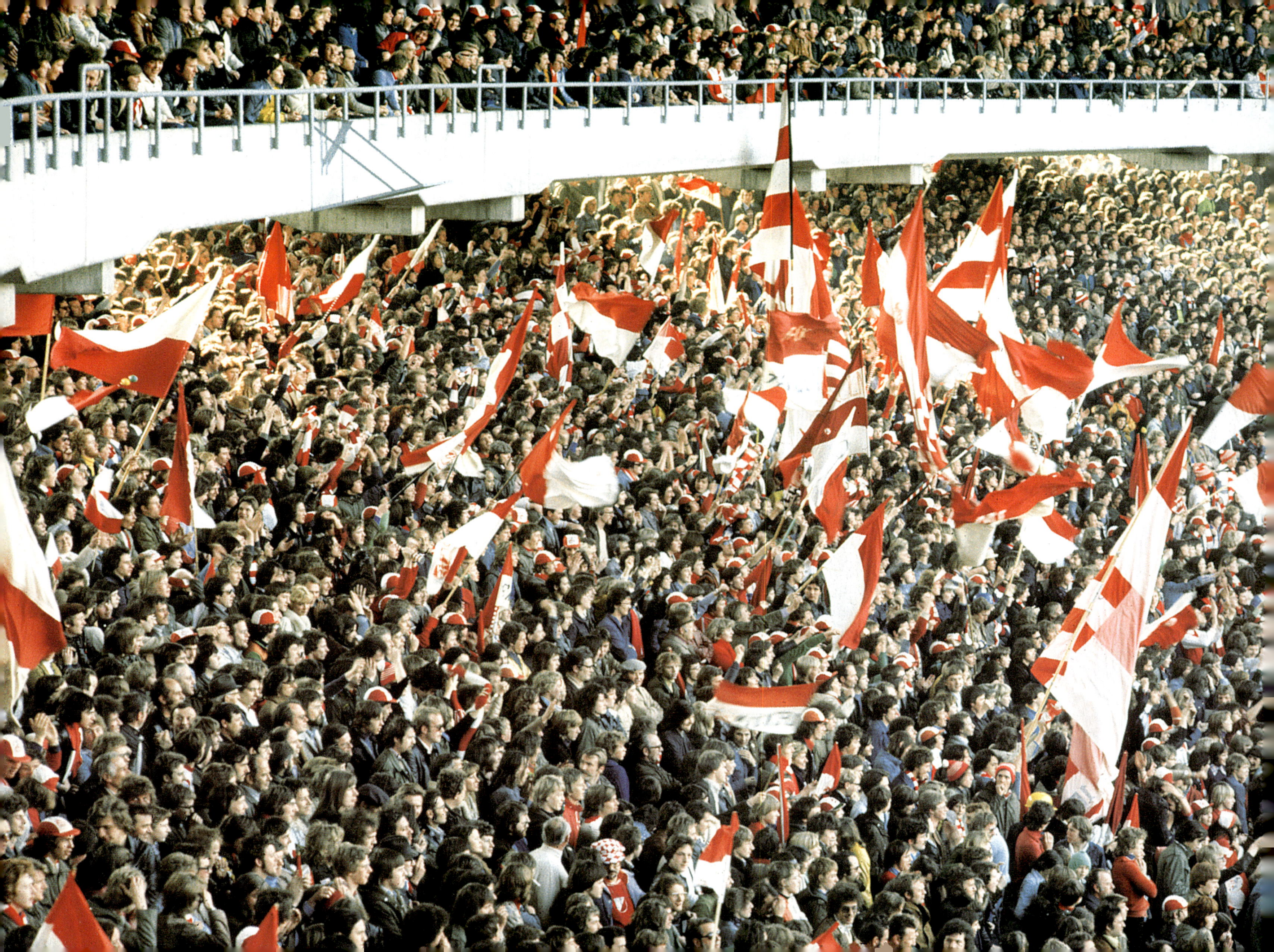

Seite 150-157: Bilder vom Bundesligaspiel 1. FC Köln gegen Bayern München im neuen Stadion.

DIE GROSSEN SPORTLICHEN EREIGNISSE IM STADION

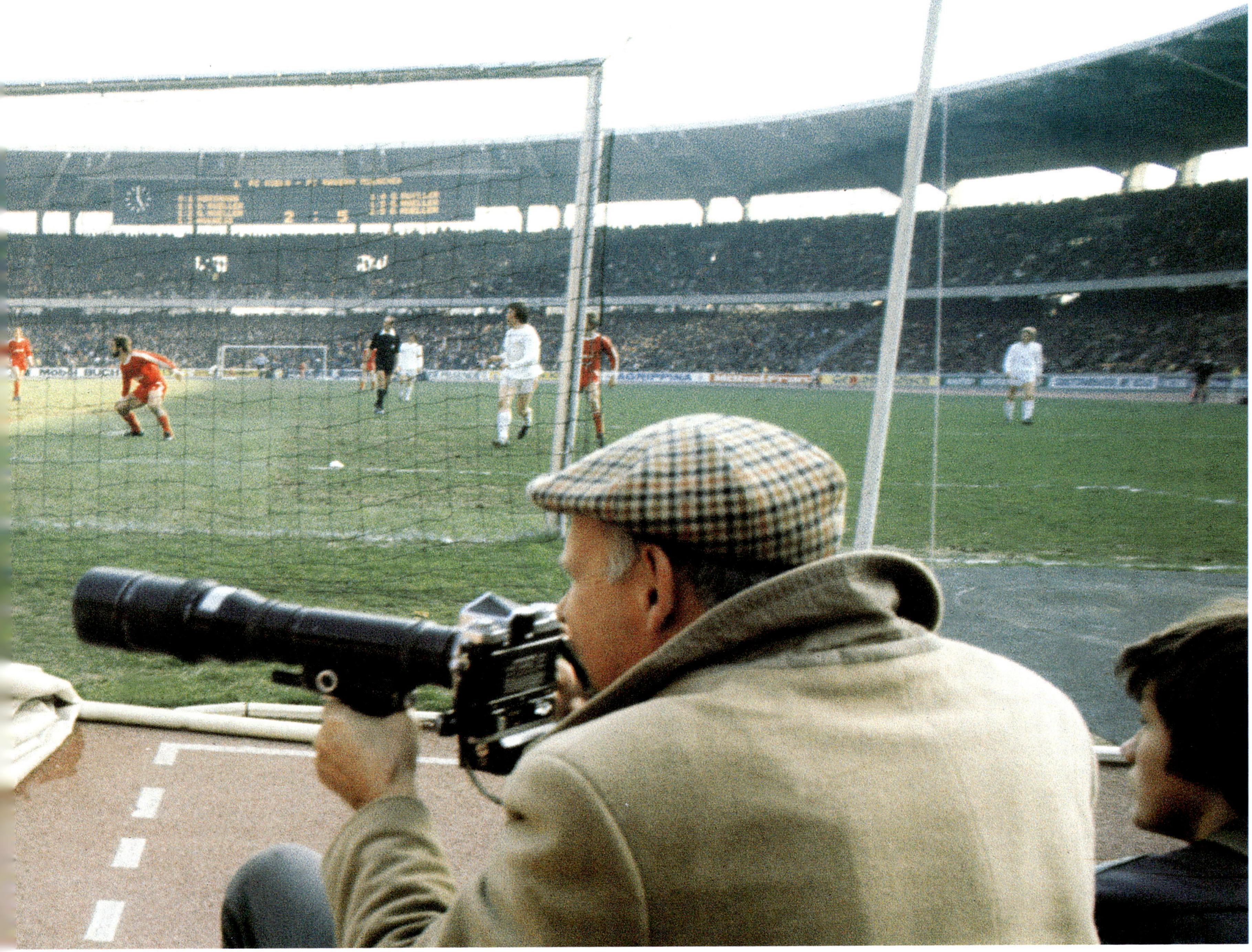

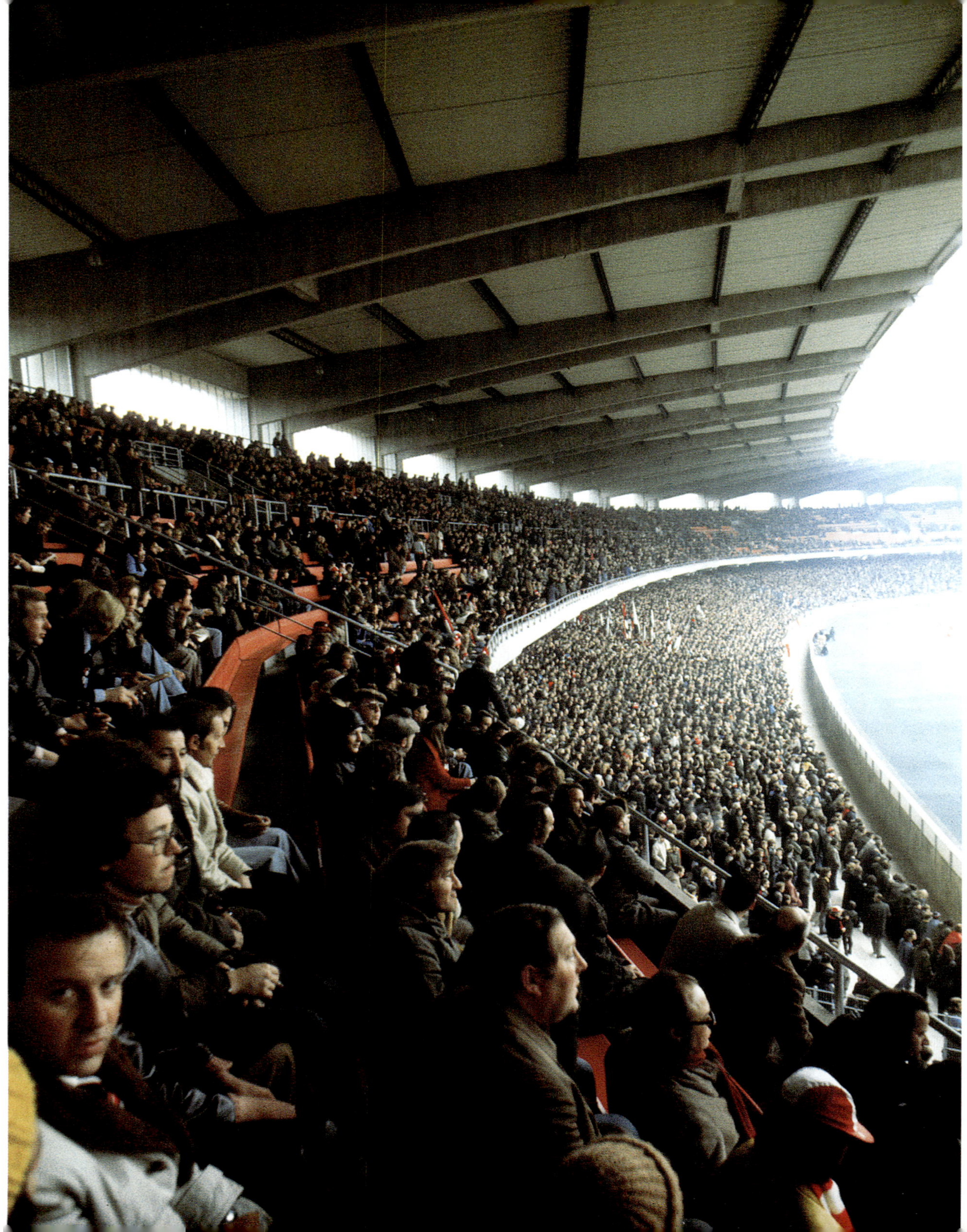

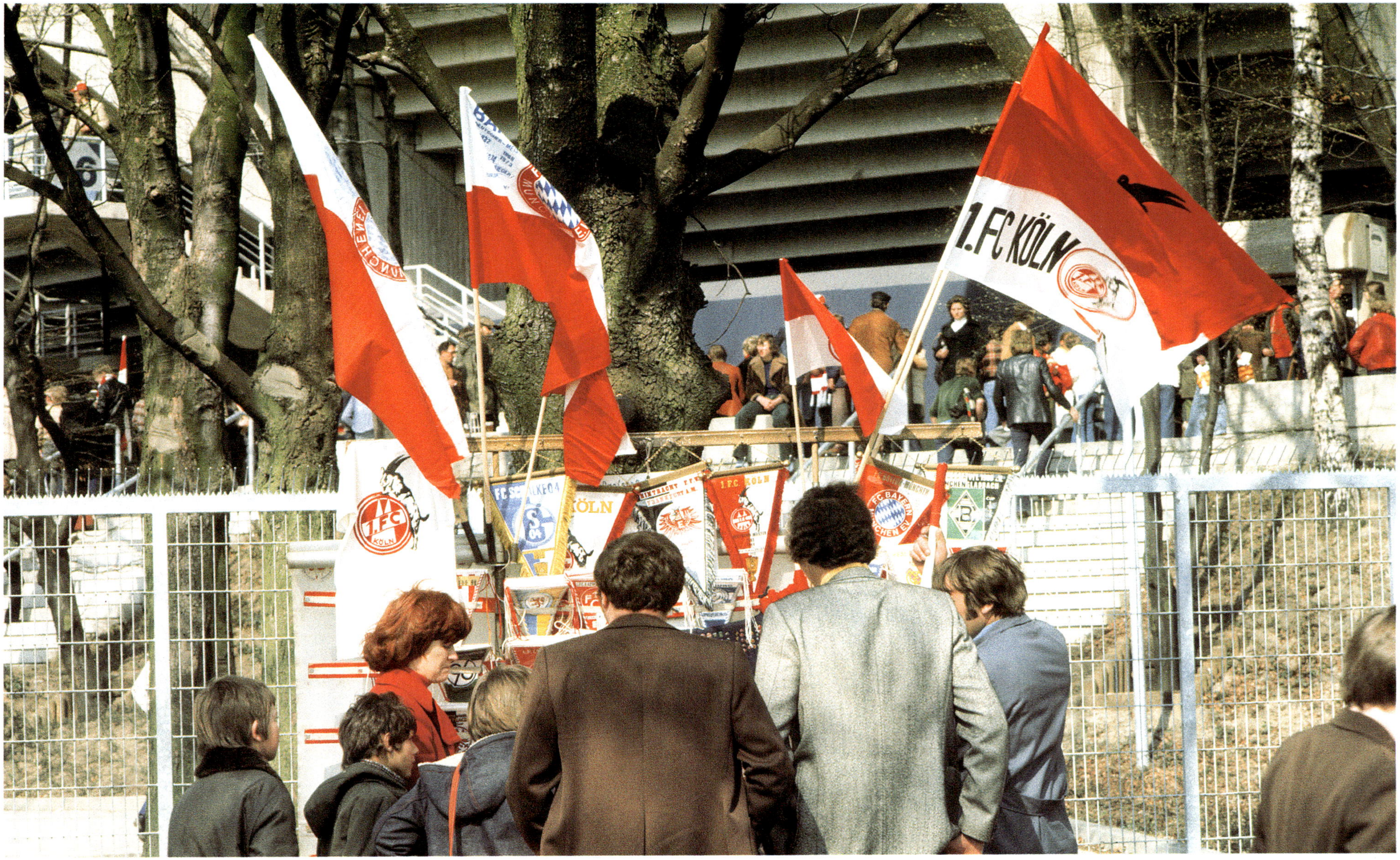
1. FC KÖLN
KÖLN

Plakat des Abschiedspiels von Toni Schumacher, 14. April 1992.
rechts: Programmheft vom Fußball-Länderspiel Deutschland gegen Österreich, 22. März 1953.

Programmheft des Fußball-Länderspiels Deutschland gegen Schweden, 1984. links: Programmheft des Fußball-Länderspiels Deutschland gegen Norwegen, 1966.

*Internationales
Leichtathletik-Sportfest
des ASV, 1976*

158 DIE GROSSEN SPORTLICHEN EREIGNISSE IM STADION

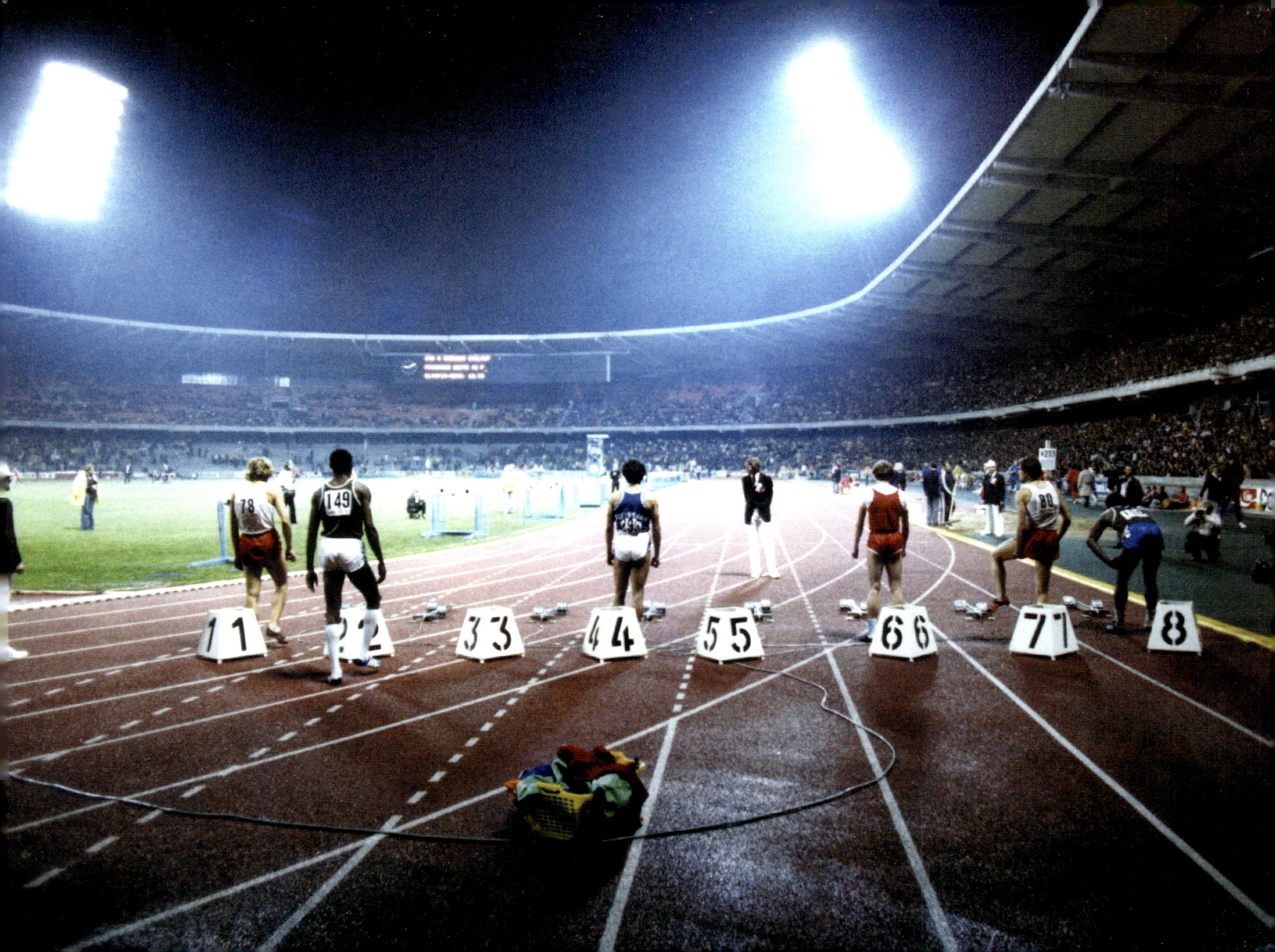
78
149
80
1 1
2 2
3 3
4 4
5 5
6 6
7 7
8

Plakat der II. Deutschen Kampfspiele Köln, 1926.

Plakat vom Internationalen Sportfest des ASV Köln, 1955.

Plakat vom Internationalen Sportfest des ASV Köln, 1968

Plakat der Studenten-Leichtathletik-Meisterschaften in der Britischen Zone, 1947.

*Internationales
Leichtathletik-Sportfest
des ASV, 1976*

*Plakat vom Internationalen
Leichtathletik-Sportfest des
ASV Köln, 1990.*

DIE GROSSEN SPORTLICHEN EREIGNISSE IM STADION

Klaus Ulonska freut sich mit Weltmeister Sidney Maree (USA) über die neue Bestzeit über 1500 m beim ASV-Sportfest, 1983.

Programmheft der Radweltmeisterschaften Köln, 1954.

Plakat vom Reit- und Springturnier, 1984.

Plakat der 14. Weltspiele der Gehörlosen, 1981.

Boxring und Zuschauer beim Kampf Hein ten Hoff gegen Jean Kreitz in der Müngersdorfer Radrennbahn, 1947.

UND WAS ES SONST NOCH GAB

In einer Stadionanlage mit einer derartigen Ansammlung von verschiedenen Wettkampfstätten gab es natürlich noch eine große Anzahl weiterer Ereignisse, die in hohem Maße vor allem das Fachpublikum begeisterten.

Packende Boxkämpfe ...

Am 12. Juli 1947 sahen schätzungsweise 30 000 Zuschauer den mit Spannung erwarteten Schwergewichts-Boxkampf um die Deutsche Meisterschaft zwischen Hein ten Hoff und Jean Kreitz. Die Veranstaltung gestaltete sich zum Rekordtag des westdeutschen Boxsports überhaupt, denn niemals zuvor hatte man im Westen eine derartige Zuschauerzahl erlebt. Wegen der Weitläufigkeit der Anlagen waren es in der Hauptsache Berufsboxer, die den Weg in das Radstadion wagten. Nur die großen Namen garantierten einen entsprechenden Zulauf von seiten des Publikums.

*Boxkampf während der Vaterstädtischen Festspiele, 1954.
oben: Aus dem Programmheft des letzten Kampfes von Peter Müller gegen den amtierenden Deutschen Meister Jupp Elze, 2. September 1966.*

Tennismatch bei den Deutschen Kampfspielen 1926 auf der Anlage des KTHC »Stadion« Rot-Weiß.

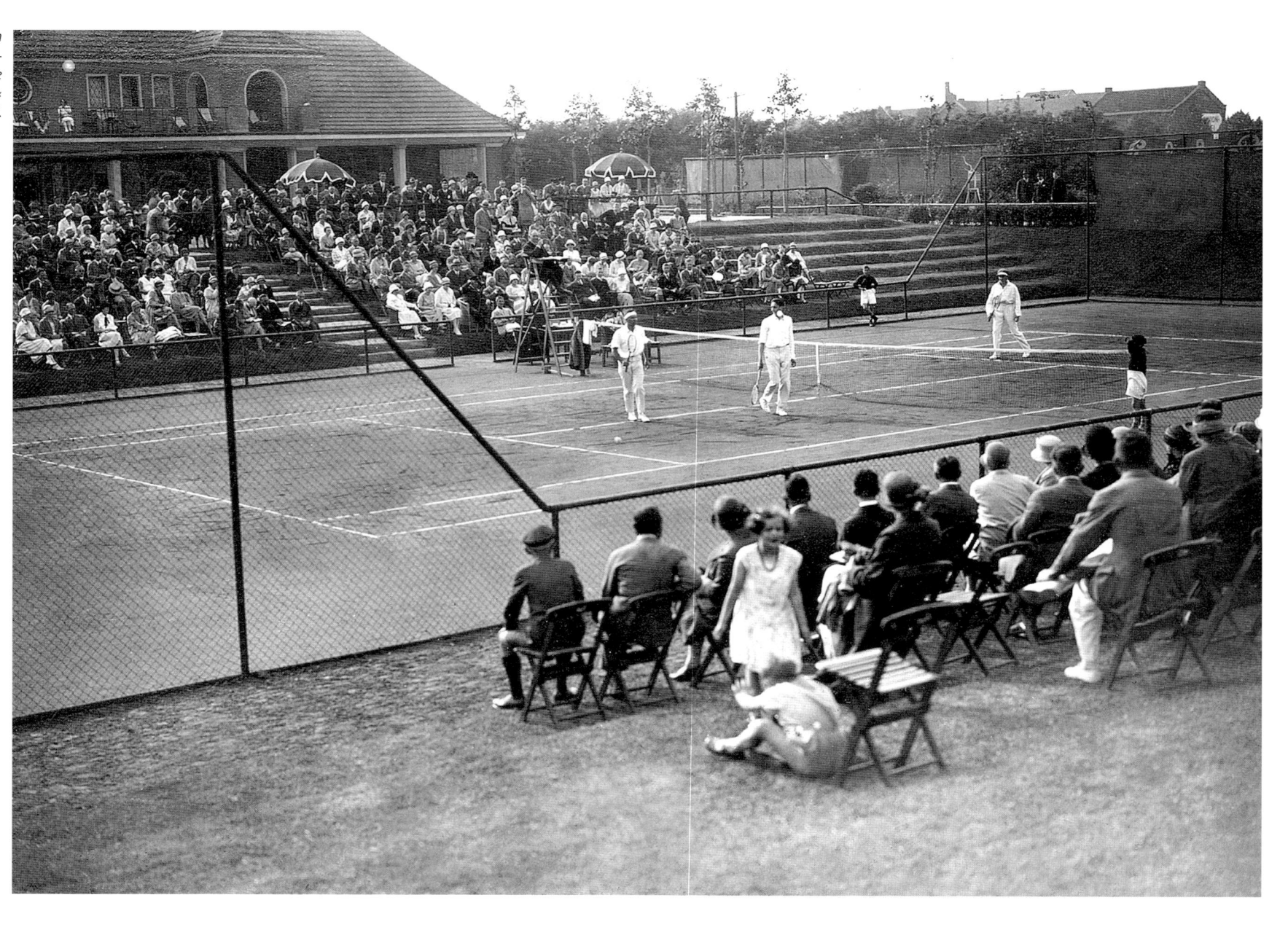

Der Kampf ten Hoff gegen Kreitz endete nach zwölf Runden mit einem ungewöhnlichen Urteil: »Unentschieden«. 1949 erlebten die Kölner den Sieg ihres Lokalhelden Peter Müller gegen Ex-Europameister und seinen späteren Trainer Jupp Besselmann. Am 2. September 1966 ging an gleicher Stelle die Ära Müller zu Ende. Der 39jährige unterlag dem amtierenden Deutschen Meister im Mittelgewicht Jupp Elze durch k. o. in der zweiten Runde.

... spannungsreiche Tennisspiele ...

Nur wenige Meter entfernt von den Schauplätzen dieses körperbetonten Kampfsports fand der Besucher ein eher betuliches und mondänes Ambiente vor. Auf den Anlagen des Kölner Tennis- und Hockey-Clubs »Stadion« Rot-Weiß wurde aber nicht minder um Punkte und Erfolge gekämpft. 1925 fusionierte der ehemalige »Stadion-Club« mit dem sportlich bedeut-

Das neue Clubhaus des KTHC »Stadion« Rot-Weiß wurde am 16. Juli 1955 eingeweiht.

samen Tennis- und Hockey-Club »Rot-Weiß«. Seitdem ist der Club in der großzügigen Anlage beheimatet. Trotz der günstigen Voraussetzungen wurde Köln bei der Vergabe großer Tennisveranstaltungen eher stiefmütterlich behandelt. Bei Länderkämpfen und Freundschaftsturnieren erlebten die Kölner trotzdem Weltklassespieler wie Henry Lacoste, William Tilden oder die Deutschen Otto Froitzheim und Gottfried von Cramm. In den eigenen Reihen des Clubs spielten die erste deutsche Wimbledon-Siegerin Cilly Aussem sowie einer der besten Berufsspieler der 30er Jahre und Weltmeister, der Tennislehrer Hanne Nüsslein. Nach dem Krieg kam es in den Jahren 1951, 1958 und 1968 zu den ganz großen Tennisereignissen mit den Länderkämpfen um den Davis-Pokal zwischen Deutschland und Belgien und zwischen Deutschland und Neuseeland. Regelmäßiger Bestandteil des Stadion-Veranstaltungskalenders sind aber bis heute die Internationalen Tennisturniere des KTHC »Stadion« Rot-Weiß. Sowohl in der Halle, als auch als Freiluftturnier gaben sich hier die Größen des weißen Sports ein Stelldichein.

… fesselndes Springreiten …

Eine weitere Sportart, die sich im bzw. am Rande des Stadiongeländes bis heute etabliert hat, ist das Springreiten. Alljährlich veranstaltet der Kölner Reit- und Fahrverein ein internationales Turnier. Der ehemalige Reit-Turnierplatz westlich des Schwimmbades war bis 1969 an die Kölner Reitervereine verpachtet worden. An gleicher Stelle entstand die neue ASV-Sportanlage. Ein Reitstadion wurde 1954 auf dem Stadion-Nordfeld gebaut, wo 1970 auch der neue Turnierplatz eingerichtet wurde. 1996 wurde das Reitstadion umfunktioniert zum bundesligatauglichen Baseballstadion, so daß nun beide Sportarten dort beheimatet sind.

Turnierplatz des alten Reiterstadions, das auf der heutigen ASV-Anlage beherbergt war. oben: Programmheft vom Internationalen Reit-, Spring- und Fahrturnier, 1949.

Motorradball-Spiel auf den Jahnwiesen, 1954. Derartige »Verwüstungen« der Rasenflächen wurden nur in Ausnahmefällen zugelassen. Auch heute noch darf die Jahnwiese nur zu Auf- und Abbauzwecken befahren werden.

... und so einige Besonderheiten

Mit sehr viel weniger Aufmerksamkeit als die übrigen sportlichen Ereignisse wurde in den 50er Jahren das Deutsche Gehörlosen-Sportfest bedacht. Seit 1920 wurden die Sportfeste der Taubstummen- und Gehörlosenvereine alle drei Jahre ausgerichtet. 1932 war Köln schon einmal Schauplatz gewesen, bevor sich im August 1952 erneut die Sportler des Gehörlosen-Sportverbandes im Müngersdorfer Stadion trafen. Wettkämpfe in Leichtathletik, Faustball und Korbball, Schwimmen, Kegeln und Schach wurden ausgetragen. Im gleichen Jahr feierte der Kölner Gehörlosen-Sportverein sein 50jähriges Bestehen. Fast 30 Jahre später richtete die Stadt Köln das zugleich letzte große internationale Sportfest aus, die 14. Weltspiele der Gehörlosen. Über 2000 Sportler aus 40 Nationen wurden bei dieser herausragenden Veranstaltung im »Internationalen Jahr der Behinderten« empfangen. Ähnlich wie die Olympischen Spiele wurden die Weltspiele alle vier Jahre als Winter- und Sommerspiele abgehalten, ganz im »olympischen Geist«. Das 1924 gegründete Internationale Commitee für den Gehörlosensport wurde 1955 vom allmächtigen IOC als »Internationale Vereinigung mit olympischem Niveau« anerkannt, durfte jedoch das Wort »olympisch« oder das Symbol der fünf Ringe nicht benutzen. Neben dem Müngersdorfer Stadion wurden die Wettkämpfe in zahlreichen Sporthallen in der ganzen Stadt verteilt durchgeführt.

Deutsche Meisterschaften im Bogenschießen, 1960.

Polizeisportfest in den 60er Jahren.

Im Sinne einer möglichst vielfältigen Nutzung der Stadionanlagen wurden im Laufe der Jahre sogenannte Randsportarten berücksichtigt, auch im Hinblick auf höhere Besucherzahlen und wechselnde Vorlieben und Interessen von seiten der Sporttreibenden. American Football, Rugby, Baseball, Softball und Bogenschießen haben sich hier etabliert.

1 Festbuch der II. Deutschen Kampfspiele in Köln am Rhein 1926, Köln 1926, S. 35.

2 Deutsche Turnzeitung, (1923) 48, S. 407.

3 Diese Vereinigung war der Ortsausschuß des zentralen »Reichsvereins für vaterländische Festspiele«, der wiederum die Nachfolgeorganisation des »Reichsausschusses für deutsche Nationalfeste« war. Nachdem die Verwirklichung eines großen Nationalfestes nicht gelang, u. a. weil eine Einigung mit der Deutschen Turnerschaft nicht zustandekam, erfolgte die Umbenennung.

4 Das deutsche Nationalfest sollte alle fünf Jahre an einem zentralen Ort stattfinden.

5 Simon Bendix, 25 Jahre Vaterländische Festspiele, Köln 1924, S. 10.

6 Ebenda, S. 149.

7 Vgl. Festbuch (Anm. 1), S. 20.

8 Carl Diem und Gerhard Krause, Deutsche Kampfspiele 1926 zu Köln am Rhein, Berlin 1926, S. 5.

9 Protokolle der Stadtverordnetenversammlung der Stadt Köln 1927, S. 223-227.

10 Schöne Zustände im Kölner Stadion, in: Rheinische Zeitung vom 2.7.1928.

11 Wassersport, (1926) 9, S. 70.

12 Ein ernstes Nachwort zum Westdeutschen Arbeiter- Turn- und Sportfest, in: Kölnische Volkszeitung vom 13.8.1926.

13 Vgl. Protokolle (Anm. 9), S. 224.

14 Kölner Sport-Kurier, 4 (1949) 5, S. 8.

15 Vgl. Protokolle (Anm. 9), S. 224.

16 Deutsche Turnzeitung, 73 (1928) 33, S. 558ff.

17 Carl Diem, Grundsätzliches zum Sportplatzbau, in: Carl Diem, Ausgewählte Schriften, Bd. 2, St. Augustin 1982, S. 167-171. Die bis dahin übliche Form war die sogenannte Korbbogenform, bei der die innenliegende Rasenfläche kürzer und breiter war. Für die Zuschauer ermöglichte diese Form eine bessere Sicht.

18 1936 erfolgte die Umbenennung des Vereins unter Beibehaltung der Abkürzung ASV in Athletik-Sport-Verein Köln.

19 Bis 1971 wurden auf der alten Bahn 8 Weltrekorde und 24 Europarekorde ein- bzw. aufgestellt.

20 Rekord-Meisterschaften, in: Der Leichtathlet, 10 (1933) 33, S. 2.

21 Willi Busse, Hier gab der weltbeste Läufer auf …, in: 25 Jahre Kölner Stadion, Köln 1948, S. 6.

22 Baut Stadien für 100 000, in: Kölner Stadt-Anzeiger vom 21.2.1930.

23 Willi Busse, Schwedenpunsch mit Hoffmannstropfen und andere Erinnerungen aus der Kölner Fußballgeschichte, in: 25 Jahre Kölner Stadion, Köln 1948, S. 8-9.

24 Kölner Sport-Kurier, 7 (1952) 5.

25 Verwaltungsbericht der Stadt Köln 1979, S. 72.

26 Fußballverband Mittelrhein 1946-1971, Köln 1971, S. 42.

27 Der KFC war zunächst als Internationaler Kölner Fußball-Club gegründet worden. Später veränderte er seinen Namen in Kölner Sport Club und 1937 kam es zum Zusammenschluß der beiden Vereine KSC und dem Kölner Club für Rasenspiele mit dem heute noch bestehenden Verein für Leibesübungen von 1899.

28 Festschrift 50 Jahre 1. FC Köln, Köln 1951, S. 9.

29 Festschrift 60 Jahre 1. FC Köln, Köln 1961, S. 11.

30 Wolfgang Weber, Die Radrennbahn war besser als ihr Ruf, in: Sonderdruck des Kölner Stadt-Anzeigers zur Einweihung des Stadions am 12.11.1975.

31 Ohne Stadion ist der 1. FC Köln kaputt, in: Kölnische Rundschau vom 10.3.1973.

32 Es geht auch um die Würstchen, in: Kölner Stadt-Anzeiger vom 6.4.1993.

33 Kaiser Pfalz für 80 000 Fans, in: Kölnische Rundschau vom 5.6.1997.

Die Bewerbung um die Olympischen Spiele 1936

»Köln oder Berlin? ... Alle die Voraussetzungen, die man an den Ort des Weltolympias knüpfen muß, Vorbedingungen, die sporttechnisch vollauf befriedigen und den Aufenthalt zu einem angenehmen, kulturell eindrucksvollen Erlebnis machen, vereinigen sich in Köln und dem Rheinland.«[1] – hieß es in der Düsseldorfer Zeitschrift »Der Mittag« vom 28. März 1930 als Reaktion auf die Nachricht, daß Köln sich für die Austragung der Olympischen Sommerspiele 1936 beworben habe. Das Presseecho war jedoch nicht einhellig und im benachbarten Düsseldorf fand man auch andere Töne: »Olympische Spiele gehören in die Hauptstadt des mit der Ausrichtung der Kämpfe beauftragten Landes. Die Pläne der ›Partikularisten‹ Köln, Nürnberg und Frankfurt sind Einfällen gleichzumachen, die keinen Anspruch darauf erheben können, ernst genommen zu werden. Es geht nicht um den Vorzug, den eine Stadt genießen soll, sondern um das Ansehen, das ein ganzes Land zu wahren hat und die Verkörperung des Landes kann in diesem Fall nicht Köln, sondern einzig und allein Berlin heißen.«[2]

Tauziehen um den Zuschlag

Mit dem Hinweis auf die glanzvolle Abwicklung der Deutschen Kampfspiele 1926 und dem Deutschen Turnfest 1928 schrieb Konrad Adenauer am 1. März 1929 an den Deutschen Reichsausschuß für Leibesübungen (DRA), »daß die Stadt Köln in der Lage ist, auch die Olympischen Spiele 1936 in einer Form zur Durchführung zu bringen, die in jeder Hinsicht der Würde des deutschen Volkes und dem Ansehen des deutschen Sports entspricht.«[3] Die Chancen für diese Bewerbung waren zunächst nicht schlecht. Das bereits 1913 errichtete Berliner Stadion im Grunewald befand sich nicht im besten Zustand. Der Kölner Stadionkomplex hatte großes, auch internationales Ansehen errungen, und die Kölner konnten auf einen bewährten und erfahrenen Organisationsstab zurückgreifen. Dennoch war das Unternehmen, wie sich in der Folgezeit zeigen sollte, von Anfang an zum Scheitern verurteilt.

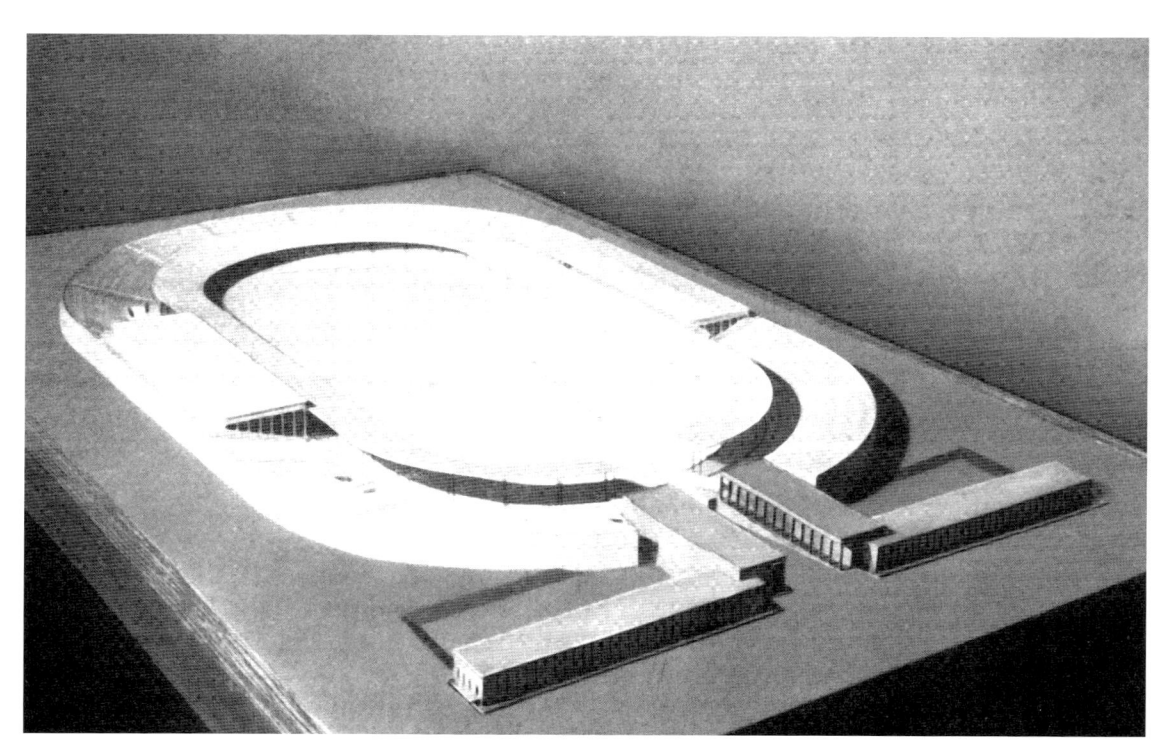

Modell des geplanten Kölner Stadions für 100 000 Zuschauer, 1936.

In einer Sitzung des DRA am 6. Juli 1929 bekundete Stadtmedizinalrat Drigalski in Vertretung des Berliner Oberbürgermeisters Böss, daß ein Beschluß zum Ausbau des Stadions im Berliner Grunewald vorliege.[4] Damit waren die wesentlichen Voraussetzungen für die Durchführung der Wettkämpfe in der Reichshauptstadt geschaffen. Berlin hatte sich bereits für die Olympischen Spiele 1916 beworben und den Zuschlag erhalten. Die Spiele wurden jedoch nicht ausgetragen und nach dem Ersten Weltkrieg erfolgte der Ausschluß Deutschlands von der Teilnahme an den olympischen Wettkämpfen 1920 und 1924.

> AN DIE DAMEN UND HERREN DES OLYMPISCHEN KONGRESSES.
>
> Hierdurch beehre ich mich, die beim Olympischen Kongreß 1930 in Berlin versammelten Vertreter der Länder herzlichst einzuladen, bei ihrer geplanten Besichtigungsreise durch Deutschland auch der alten Domstadt Köln am Rhein einen Besuch abzustatten. Das kritische Auge der berufenen Fachleute der Welt wird dann Gelegenheit haben, festzustellen, in welchem Maße die Stadt Köln bemüht gewesen ist, der Sache der Leibesübungen zu dienen.
> Ich habe inzwischen dem Olympischen Komitee unterm 5. 4. 30 eine offizielle Einladung überreicht, die Olympischen Spiele 1936 nach Köln zu verlegen. Dabei war ich mir bewußt, daß das Kölner Stadion trotz seiner Ausdehnung, seiner Ausgestaltung und trotz seiner bewiesenen Geeignetheit für große Veranstaltungen noch einen entsprechenden Ausbau für Zwecke der Olympischen Spiele erfahren muß. Beabsichtigt habe ich vor allem, das Zuschauer-Fassungsvermögen der Hauptkampfbahn auf etwa 100 000 Personen zu erweitern und für die schwimmsportlichen Veranstaltungen ein besonderes Schwimmstadion zu errichten. Die Planbearbeitung für diese Bauabsichten ist bereits erfolgt. Sie werden bei Ihrem Besuch in Köln entsprechende Pläne und auch ein Modell vorfinden.
> Zur gefälligen Bedienung habe ich eine Druckschrift über die Spiel- und Sportanlagen und über das Stadion in Köln beigelegt.
>
> Mit dem Ausdruck vorzüglichster Hochachtung
>
> Adenauer
> Oberbürgermeister der Stadt Köln.

Offizieller Bewerbungsbrief von Oberbürgermeister Adenauer an die Mitglieder des IOC, 1930.

Reelle Chance für Köln?

Im amtlichen Organ des DRA, den Blättern für »Volksgesundheit und Volkskraft«, erschien zunächst nur die Vorstellung der Bewerberstädte Berlin und Frankfurt. Erst in einer weiteren Ausgabe wurden Köln und Nürnberg erwähnt. Der Präsident des DRA, Theodor Lewald, machte aus seiner Vorliebe für Berlin kein Geheimnis. 1930 beendete er seine Rede vor dem Olympischen Kongreß mit den Worten »Auf Wiedersehen 1936 in Berlin«. Dies veranlaßte Adenauer zu einer Beschwerde. In seiner Antwort bezeichnete Lewald seine Verfehlung als »unglückliches Versehen« und versicherte, die Bewerbung Kölns sei als durchaus gleichstehend anzusehen. Desweiteren habe er, »nachdem Berlin trotz mannigfacher, direkter und indirekter Anregungen einen förmlichen Antrag auf Übertragung der Spiele nicht gestellt hatte« und »nachdem die kläglichen und widerlichen Skandale in der Berliner Gemeindeverwaltung es unwahrscheinlich machten, daß ein Antrag gestellt werde, ... die Initiativen von Köln und Frankfurt freudig begrüßt.«[5]

Es wird mit allen Mitteln weiter gerungen

Alle Anzeichen deuteten allerdings darauf hin, daß Köln in Konkurrenz zu Berlin keine Chancen haben würde. Stadiondirektor Christian Busch durchschaute die Interessen des DRA und gab zu verstehen, daß aus deren Sicht »eine Beantragung der Olympischen Spiele 1936 für Köln

Köln bewirbt sich um die Olympischen Spiele

keinen anderen Zweck haben kann, als den Deutschen Reichsausschuss in seinen Bestrebungen zu unterstützen, Mittel von der Stadt Berlin für den Stadionbau flüssig zu machen.«[6] Da die Anregung zur offiziellen Bewerbung tatsächlich von seiten des DRA an die anderen Bewerberstädte herangetragen wurde, ist diese Meinung durchaus naheliegend. Trotzdem unternahm Adenauer enorme Anstrengungen, Köln weiterhin im Gespräch zu halten und die Chancen zu wahren. Mit großem Aufwand wurde für 10 000 RM eine dreisprachige Werbeschrift verfaßt, in der die Sportanlagen der Stadt Köln umfassend dargestellt sowie die geplanten Neubauten wie z. B. die Regattastrecke vorgestellt wurden. Schützenhilfe erhielt Adenauer auch von anderer Seite, als der DRA wegen der Bereitstellung des Geländes für den Ausbau des Stadions an den Besitzer der Berliner Pferderennbahn herantrat. Der Kölner Bankier Baron S. A. von Oppenheim, der an dem Berliner Gestüt beteiligt war, ließ ausrichten, »daß dem DRA mitgeteilt worden sei, daß dieser Wunsch gleichbedeutend sei mit einer Stillegung der Pferderennbahn für 1 Jahr und daß dafür 300 000 RM Entschädigung beansprucht werden müßten. Baron S. A. von Oppenheim glaube damit den Interessen Kölns gedient zu haben.«[7] Auch über die Presse sollte Einfluß genommen werden, indem man die westdeutsche Sportpresse ermunterte, »in eine Abwehrstellung gegen die Berliner Bestrebungen zu gehen«. Artikel der ausländischen Presse, die positiv über Köln berichteten, sollten entsprechend lanciert werden. So erschien im Kölner Lokalanzeiger vom 3. Juni 1930 ein Artikel über die positive Haltung Schwedens: »Schweden propagiert Köln! In der schwedischen Presse erscheinen Kommentare, die in bemerkenswerter Form für Köln als Austragungsort der Olympischen Spiele 1936 Stimmung machen. Man weist auf die ausgezeichneten Anlagen und die gute verkehrstechnische Lage von Köln hin und bringt zum Ausdruck, daß es organisatorisch allen Aufgaben gewachsen wäre. Köln habe außerdem den Vorteil, daß die Spiele dort einen ganz anderen Wiederklang finden würden, da die Olympischen Spiele in den größeren Weltstädten wenig zur Geltung kämen, wie das die Beispiele von London 1908 und Paris 1924 bewiesen haben.«[8] Auch aus Frankreich kamen Sympathiebekundungen für Köln.

Eröffnungsfeier der Olympischen Spiele in Berlin 1936. Hitler betritt das Stadion, neben ihm Theodor Lewald.

Nicht überraschend: die Entscheidung für Berlin

Gemeinsam mit einer Einladung zur Besichtigung und dem Antrag auf die Übertragung der 11. Olympischen Spiele übersandte Adenauer die erwähnte Denkschrift am 8. April 1930 an das Internationale Olympische Comitee (IOC) in Lausanne. Am 25.–30. Mai 1930 tagte der Olympische Kongreß in Berlin. Anschließend legte Lewald Adenauer nahe, seine Bemühungen einzustellen. Es sollte gegenüber der Weltöffentlichkeit Einheit und Einigkeit demonstriert werden, nur so habe man die Chance, gegen die ausländischen Bewerberstädte (Barcelona, Rom, Helsinki, Budapest) zu bestehen. Adenauer beugte sich diesem Anliegen und die Werbekampagne der Stadt Köln wurde abgebrochen. Bei der 29. IOC-Session (25.–30. April 1931) in Barcelona fiel die Entscheidung für Berlin.

Keine Olympischen Spiele – aber eine Olympische Eiche für Köln

Die Olympischen Spiele in Berlin 1936 wurden eine gigantische Propagandaveranstaltung der nationalsozialistischen Machthaber. Zahlreiche Kölner verfolgten die Spiele vor Ort im neuerbauten Olympiastadion von Berlin. Die Kölner Goldmedaillengewinner Toni Merkens (Radfahren), Ludwig Landen und Heinz Wevers (Kajak) wurden beim Empfang in ihrer Heimatstadt mit großem Aufwand gefeiert. Die

Die Kölner Goldmedaillengewinner Ludwig Landen und Paul Wevers.

Toni Merkens erhält bei der Siegerehrung seine »Olympia-Eiche«, die vor der Müngersdorfer Radrennbahn eingepflanzt wurde und dort heute noch steht.

Johannes Sampels, Leiter des Stadtamtes für Leibesübungen, und die Tochter Barbara Merkens bei der Enthüllung des Toni-Merkens-Gedenksteins vor der »Olympia-Eiche«, 1948.

›Olympia-Eiche‹, die Toni Merkens für seinen Sieg im 1000 m-Malfahren erhielt, wurde in unmittelbarer Nähe des Müngersdorfer Radstadions gepflanzt, wo sie noch heute steht. Ein Gedenkstein mit der Aufschrift: »Wachse zur Ehre des Olympiasiegs …« wurde 1948 an gleicher Stelle aufgestellt. Toni Merkens war 1944 an den Folgen einer Kriegsverletzung gestorben.

Der Gedanke zur Bewerbung für Olympische Spiele tauchte in Köln immer wieder auf, auch wenn die Bestrebungen im Grunde nie wirklich ernsthaft verfolgt wurden. »Warum sollte eine Sportstadt wie Köln, die auch kulturell eine so reiche Tradition hat, nicht ernstlich für die Austragung Olympischer Spiele in Erwägung gezogen werden?«, so die Stimme des ASV-Präsidenten Peter Paul Sures in den 50er Jahren. Zur gleichen Gruppe der Olympiabegeisterten gehörte der Verwaltungsdirektor der Deutschen Sporthochschule Dr. Willi Schwarz: »Wenn heute Deutschland, was nicht ausgeschlossen wäre, erneut die Austragung der Spiele bekäme, hätte Köln mit seinen großzügigen Sportanlagen, die selbstverständlich modernisiert und ergänzt werden müßten, allererste Chancen.« Gedacht war dabei an eine Bewerbung für die Spiele 1972.[9]

1 *Der Mittag vom 28.3.1930.*

2 *Düsseldorfer Nachrichten vom 28.3.1930.*

3 *Historisches Archiv der Stadt Köln (HAStK), Bestand 671, Nr. 72, Bl. 4.*

4 *HAStK, Bestand 671, Nr. 72, Bll. 23-25.*

5 *Brief von Lewald an Adenauer vom 2.7.1930, in: HAStK, Bestand 671, Nr. 72, Bll. 67-72.*

6 *HAStK, Bestand 671, Nr. 72, o. S.*

7 *HAStK, Bestand 671, Nr. 70, o. S.*

8 *HAStK, Bestand 671, Nr. 73, o. S.*

9 *Willi Wange, Köln bewirbt sich um die Olympischen Spiele, in: Neue Rheinische Zeitung vom 5.9.1970.*

»Unter freiem Himmel«

Das Stadion als Versammlungsstätte

Neben der Inanspruchnahme von sportlicher Seite ist das Stadion einer Großstadt auch Austragungsort für zahlreiche Ereignisse anderer Art. Als größte Versammlungsstätte unter freiem Himmel ist es immer dann von Interesse, wenn eine große Zahl an Menschen angelockt bzw. erwartet wird. Die periphere Lage verhindert zudem in solchen Fällen eine Überlastung des innerstädtischen Verkehrs.

Kurios: geplanter Autokampf im Stadion

Vor dem Zweiten Weltkrieg waren ›nichtsportliche Nutzungen‹ mit Ausnahme der Parteiveranstaltungen der NSDAP selten der Fall. So wurde auch die Anfrage eines Schaustellers, »ob mir für eine grosse, absolut neue, sensationelle Schau seitens der Stadt Köln das Stadion zur Benutzung überlassen werden könnte« ab-

Historisches Fest der belgischen Besatzungsarmee in der Hauptkampfbahn, 26./27. Juni 1948. Beim Anblick der über den wohlgepflegten Rasen galoppierenden Pferde sollen Oberplatzmeister Klütsch »die Tränen in den Augen gestanden haben«.

schlägig beantwortet. Es handelte sich dabei um einen ›Autokampf‹, bei dem zwei Autos aufeinanderprallen sollten, um den Zuschauern »das Furchtbare eines Autozusammenstoßes vor Augen zu führen«.[1] Die durch fremde Inanspruchnahme entstehenden Schäden sollten vermieden werden, denn vorrangig war und blieb bis heute die Wahrung der einwandfreien anlagetechnischen Bedingungen für sportliche Belange.

Für die Masseninszenierungen der nationalsozialistischen Propagandaveranstaltungen boten sich die Stadien der Stadtmetropolen an. Hier konnte die Partei im großen Stil ihre Macht demonstrieren. Aufmärsche der SA und HJ, begleitet von Gesängen, Nationalhymnen, Tanzvorführungen des BDM und Reden der Parteifunktionäre, waren ein Instrument, die Bevölkerungsmassen zu faszinieren. Aufwendiger Fahnenschmuck und Dekoration der Veranstaltungsorte machten die Allgegenwärtigkeit der Partei deutlich.

Politische Kundgebung: »Kampf den Dunkelmännern«

Eine der ersten großen Demonstrationen der NSDAP im Kölner Stadion war der »Tag der Deutschen Jugend« am 24. Juni 1933 mit einer Sonnwendfeier unter Beteiligung von 100 000 Menschen. In der Folgezeit fanden einige parteipolitische Veranstaltungen im Kölner Stadion statt. Am 29. Mai 1935 hielt die Deutsche Arbeitsfront eine große Kundgebung unter dem Thema »Kampf den Dunkelmännern« ab. Hierbei kam es zu einem direkten Angriff durch das NSDAP-Mitglied Staatsrat Professor Wilhelm Börger auf die katholische Kirche wegen Landes- und Hochverrats. Hitler oder andere hohe Parteifunktionäre nutzten das Müngersdorfer Stadion nicht für ihre Zwecke. Dies ist verwunderlich, denn die Stadien waren im allgemeinen beliebte Versammlungsorte der Nazis. In diesen ›Massentheaterstätten‹ wurde jeder Besucher Mitglied eines eingeschworenen und geschlossenen Zirkels. Bekannt sind Bilder vom Reichssportfeld und dem Olympiastadion in Berlin

Aufstellungsplan der »Börger«-Versammlung in der Radrennbahn, 29. Mai 1935.

oder die Planung des Deutschen Stadions auf dem Reichsparteitaggelände in Nürnberg, das für 400 000 Menschen konzipiert war.

Für die großen nationalen Feiertage, wie den 1. Mai, wählte die Kölner NSDAP nicht das Stadion, sondern legte ein neues Aufmarschfeld am Aachener Tor an. Ein Festplatz sollte im rechtsrheinischen Deutz entstehen, also »nicht in der Peripherie, sondern in Beziehung gesetzt zum alten Köln als Teilstück einer gewaltigen, alle bisher bekannten Dimensionen sprengenden Anlage, dem Gauforum der NSDAP ...«.[2] Dies könnte auch der Grund sein, daß das Müngersdorfer Stadion für eine derartige Anlage nicht in Frage kam – der Weg dahin war zu weit. Andererseits stand das Stadion auch im Bewußtsein der Bevölkerung noch immer in enger Verbindung zur Person Konrad Adenauers, den die Nationalsozialisten zwar entlassen hatten, dessen Verunglimpfung man aber nicht zu weit treiben wollte. Für Propagandazwecke der NSDAP in Köln spielte das Stadion jedenfalls kaum eine Rolle.

Fahnenappell amerikanischer Soldaten im Stadion, 11. März 1945.

Die erste Messe im Stadion wurde aus Anlaß des 2. Reichstreffens der Deutschen Jugendkraft 1927 auf den Stadionwiesen zelebriert.

KIRCHE IM STADION

Die Nutzung von Sportstadien für kirchliche Veranstaltungen ist zumindest seit den Papstbesuchen in aller Welt kein ungewöhnliches Bild mehr. Die erste Messe innerhalb der Kölner Stadionanlagen wurde auf den Jahnwiesen anläßlich des 2. Reichstreffens der »Deutschen Jugendkraft« 1927 gelesen. Sie war der Auftakt eines Wettkampftages, bei dem die katholischen DJK-Sportvereine aus dem gesamten Reich die Besten unter sich ausmachten. Im Rahmen der Feiern zum 700jährigen Domjubiläum am 15. August 1948 versammelten sich über 100 000 Katholiken zu einer Kundgebung im Müngersdorfer Stadion. Würdenträger aus dem In- und Ausland sprachen Worte der Versöhnung und des Neuanfangs. Unter den Gästen weilte auch der Abgesandte von Papst Pius XII., Kardinal Clemens Micara aus Rom.

Ehrentribüne bei der 700-Jahrfeier des Kölner Domes mit den Kardinälen aus London, Wien, Paris, Rom und München. In der Mitte der Kölner Kardinal Josef Frings.

Mit dem Einzug der 1000 Banner der Jugend beginnt die Kundgebung zur 700-Jahrfeier des Kölner Doms im Stadion.

Höchste kirchliche Würdenträger im Stadion

Zur Schlußkundgebung des 77. Katholikentages 1956 versammelte sich eine kaum vorstellbare Menschenmenge auf dem Stadion-Nordfeld. Der gesamte Ablauf konnte nur noch mit Hilfe eines Hubschraubers überwacht und organisiert werden. An die 800 000 Besucher hörten die Botschaft des Papstes und feierten die Messe. Das Gelände bot dabei ein beeindruckendes Bild. An drei Baukränen, die in Form einer Kirchturmspitze angeordnet waren, hing eine riesige Dornenkrone über dem Altar. Kirchenarchitekt und Stadtbaurat Rudolf Schwarz hatte die Idee zu dieser Inszenierung. Bei der Hauptkundgebung des 3. Internationalen Kolping-Tages aus Anlaß des 100. Todestages 1965 hielten Bundespräsident Dr. Heinrich Lübke und der österreichische Bundeskanzler Dr. Josef Klaus eine Ansprache. Im gleichen Jahr fand unter

77. Katholikentag 1956. Die über dem Altar schwebende Dornenkrone wurde von drei Baukränen gehalten.

dem Motto »In der Freiheit bestehen« der 12. Evangelische Kirchentag statt. Den Eröffnungsgottesdienst im Müngersdorfer Stadion feierten 20 000 Besucher gemeinsam mit Kardinal Josef Frings und dem Bundespräsidenten.

Aber auch dem höchsten Würdenträger der katholischen Kirche sollten die Kölner in ihrem Stadion begegnen. Zum zweiten Mal nach 1980 besuchte Papst Johannes Paul II. Köln 1987 im Rahmen einer viertägigen Rundreise durch die Bundesrepublik. Am 1. Mai zelebrierte er vor mehr als 70 000 Gläubigen im Müngersdorfer Stadion eine dreistündige Messe. Während dieser Messe wurde die Ordensschwester Edith Stein selig gesprochen, die im Konzentrationslager von Auschwitz ums Leben kam.

Zeugen Jehovas während des Gebets.

In den 90er Jahren war die Religionsgemeinschaft der »Zeugen Jehovas« mehrfach Gast im Stadion oder in der neuen Radrennbahn.

Papst Johannes Paul II. bei der Messe im Stadion, 1. Mai 1987.

Eine Bronzetafel am Stadioneingang erinnert an den Papstbesuch 1987.

Kulturfeste: nicht immer problemlos

Auch die Organisatoren alevitischer und kurdischer Kulturfeste entdeckten das Stadion als Versammlungsort. Folkloregruppen und artistische Vorführungen sorgten bei diesen Feiern für eine durchweg heitere und friedliche Stimmung. Die Bedenken von seiten der Stadt bezüglich der Genehmigung von Veranstaltungen, die möglicherweise von den Anhängern der in Deutschland verbotenen Kurdischen Arbeiterpartei PKK gestört oder mißbraucht werden könnten, erwies sich 1997 aber als berechtigt. Nicht nur weil einzelne PKK-Fahnen auf den Zuschauerrängen sichtbar wurden. Trotz polizeilichen Verbots sprach der Führer der PKK, Abdullah Öcalan, fast eine Stunde lang über Telefon live aus seinem syrischen Versteck zu den 70 000 Besuchern, die daraufhin ihren Führer hochleben ließen.

Kulturfest der Kurden

OPEN-AIR-KONZERTE

Bereits 1977 und 1978 erlebten Kölner Rockfans in der Müngersdorfer Radrennbahn hochklassig besetzte Open-Air-Konzerte. 1977 war die Gruppe Golden Earing zu Gast. Alvin Lee mit seinen »Ten Years later«, Gitarrist John McLaughlin, die Folk-Interpretin Joan Baez und die Supergruppe Genesis traten 1978 unter dem Motto »Summertime-Festival« auf. Die Erfahrungen, die die Stadt Köln mit diesem Konzert machte, waren allerdings eher ernüchternd. Nicht eingehaltene Sicherheitsvorkehrungen, Zerstörungen innerhalb der Anlagen und Lautstärken über dem erlaubten Richtwert hatten eine eher abschreckende Wirkung für die Zukunft. Zu guter Letzt mußte die Stadionverwaltung sogar auf einen Teil der vereinbarten Einnahmegelder verzichten, da die Veranstaltungsagentur kurze Zeit nach dem Konzert in Konkurs ging.

Rockkonzerte mit hochkarätigen Stars

Erst 1982 kam es zum ersten Rockkonzert im neuerbauten Stadion. Zu Gast waren die Rolling Stones, die gleich in zwei ausverkauften Konzerten für Stimmung sorgten. Superstar Michael Jackson trat erstmals 1988 in Köln auf. Um die Rentabilität des Kölner Stadions zu steigern, war man bestrebt, dort immer mehr Musikveranstaltungen durchzuführen. 1992 spielten in-

Während und nach dem »Summertime-Festival« in der Müngersdorfer Radrennbahn, 2. September 1978.

Blick auf die Tribünen und den Innenraum beim Rolling-Stones-Konzert im Stadion, 4. Juli 1982.

nerhalb von zwei Monaten sechs hochkarätige Popgruppen und Sänger im Stadion. Möglich geworden war dieser »Open-Air-Sommer« durch die Fußball-Europameisterschaft, die eine lange Bundesliga-Sommerpause nach sich zog. Besonderen Wert legte die Stadionverwaltung nach wie vor auf den Schutz der Anlage. Zu diesem Zweck wurde eine Spezial-Abdeckung für die Tartanbahn und ein Holzplattenbelag für den Rasen installiert. Den Anfang in dieser Konzert-Reihe machte die amerikanische Hardrockband Guns N' Roses, gefolgt von Marius Müller-Westernhagen, Simply Red, Michael Jackson, Dire Straits und Genesis. 370 000 Karten wurden insgesamt verkauft. Die Einnahmen beliefen sich auf ca. 1,7 Millionen DM an Stadionabgaben, hinzu kamen 274 000 DM durch den Verkauf der Bewirtschaftungsrechte. Auf der Kostenseite des Sport- und Bäderamtes standen 761 000 DM für Personal, Reinigung und Abstützung der Oberränge. Auch für 1993 stellte der Rat der Stadt Köln 450 000 DM zur Verfügung, um das Stadion für weitere Open-Air-Konzerte zu rüsten. Auch wenn in diesem Jahr nur zwei Konzerte vereinbart werden konnten, erwartete die Stadt durch die 10%-Stadionabgabe der Konzertveranstalter eine Einnahme in Höhe von insgesamt 600 000 DM.

Good vibrations

Auf Dauer erschien jedoch eine fest installierte Abstützung des Oberranges notwendig, um die durch die Lautstärke und rhythmischen Tanzeinlagen der Musikfans entstehenden Schwingungen auszugleichen. Bisher waren diese Stützen nur provisorisch angebracht worden, was lange Umrüstzeiten und zusätzliche Kosten verursachte. Zur Sicherheit wurden auch während der Veranstaltung Messungen über die Betonvibrationen von Ingenieuren durchgeführt, und bei Erreichen bestimmter Grenzwerte erging eine Warnung an das Mischpult.

Musiker auf den Tribünen beim Fanfaren-Wettstreit, 1969.

Kontrastprogramm Flohmarkt

1998 sprach die städtische Bauaufsichtsbehörde jedoch das Verbot für weitere Rockkonzerte aus, obwohl auch für dieses Jahr bereits Musikveranstaltungen geplant waren. Die Benutzung der Oberränge war wegen der Gefährdung für die Besucher nicht mehr möglich. Dies bedeutete den Verzicht auf 18 000 Plätze, wodurch Veranstaltungen für Konzertagenturen unrentabel wurden. Eine erneute Aufstellung provisorischer Stützen kam aufgrund der neuen Versammlungsstättenverordnung nicht mehr in Frage, da sie die nun geforderten Fluchtwege versperren würden. Damit verlor die Stadionverwaltung eine wichtige Einnahmequelle, auch wenn bereits in den letzten Jahren immer weniger Konzertveranstaltungen stattgefunden hatten. 1996 waren es noch drei Konzerte, 1997 nur noch zwei. Statt dessen hielten seit 1995 die Trödler- und Sammlermärkte Einzug ins Stadiongelände. Fünf Mal im Jahr bauen die Flohmarkthändler ihre Stände auf den Zugangswegen auf und sichern der Stadt zumindest einen kleinen Erlös.

1   *Historisches Archiv der Stadt Köln, Bestand 671, Nr. 43, Bl. 373.*

2   *Wolfram Hagspiel, Die nationalsozialistische Stadtplanung in und für Köln, in: Geschichte in Köln, Heft 9, 1981, S. 97.*

Chronik

2.9.1921 — *Beschluß der Stadtverordnetenversammlung über die Anlage eines Sportplatzes auf dem Gelände an der Aachener Straße.*

16.9.1923 — Eröffnung des Kölner Stadions mit einem Festakt.
7.10.1923 — Endspiel um die Deutsche Handballmeisterschaft zwischen dem Turn- und Rasensportverein »Union« Düsseldorf und der Turngesellschaft Stuttgart (3:1).

3.2.1924 — Fußballspiel Köln gegen Nürnberg vor 10 200 Zuschauern, Veranstalter: Rasensportverband Köln.
11.5.1924 — Reichspräsident Friedrich Ebert erscheint zur Eröffnung der Kölner Messe und besucht das Stadion anläßlich des Fußballspiels der Kölner Stadtmannschaft gegen die Ländermannschaft aus Ungarn.
31.5.–10.6.24 — Große Rheinische Sportwoche mit Länderkampf im Bahnradsport Deutschland gegen Holland am 1. Juni auf der Radrennbahn Müngersdorf.
6.7.1924 — 25. Vaterländische Festspiele.

1925 — Tennis-Länderkampf Deutschland gegen Holland. Die deutsche Mannschaft mit Otto Froitzheim gewinnt mit 10:7.

22.1.1926 — *Nach längerer Diskussion beschließt die Stadtverordnetenversammlung die Bewilligung von 400 000 RM für die Errichtung eines Umkleidegebäudes vor der Hauptkampfbahn des Stadions nach den Plänen des Architekten Adolf Abel.*
15./16.5.1926 — Vaterländische Festspiele als Werbeveranstaltung für die II. Deutschen Kampfspiele.
4.–11.7.1926 — II. Deutsche Kampfspiele mit 5839 Wettkämpfern und 60 000 Zuschauern am Schlußtag, Reichskanzler Marx spricht zur Siegerehrung.
6.–9.8.1926 — 1. Westdeutsches Arbeiter- Turn- und Sportfest mit 15000 Teilnehmern und 60000 Zuschauern. Höhepunkt des Festes sind die Massenfreiübungen, die Wasserballmeisterschaft des Arbeiter-Turn- und Sportbundes und ein Fußballspiel einer »Russenmannschaft« gegen eine westdeutsche Auswahl (12:2).

25./26.6.1927 — Kreissportfest des Turnkreises VIII b Rheinland.

15.–21.7.1927	Radweltmeisterschaften. Der Kölner Mathias Engel vom RC Adler wird Weltmeister über die 1000 m-Distanz.
5.–8.8.1927	2. Reichstreffen der Deutschen Jugendkraft mit 5000 Teilnehmern.
21./22.7.1928	Vaterländische Festspiele zum Auftakt des Deutschen Turnfestes.
22.–29.7.1928	14. Deutsches Turnfest mit 200 000 Teilnehmern aus dem gesamten Deutschen Reich und aus dem Ausland. Einweihung des Jahndenkmals.
20.8.1928	Leichtathletik-Länderkampf Deutschland gegen England.
20.11.1928	1. Fußball-Länderspiel im Stadion. Deutschland und Holland trennen sich mit 2:2 Toren vor 52 000 Besuchern.
23.6.1929	Fußball-Länderspiel Deutschland gegen Schweden (3:0).
1.3.1930	*Bewerbung der Stadt Köln beim IOC-Kongreß in Berlin um die Austragung der Olympischen Spiele 1936.*
24.9.1930	Leichtathletikwettkampf unter der Bezeichnung »Nurmi«-Sportfest.
14.6.1931	Endspiel um die Deutsche Meisterschaft im Fußball Hertha BSC gegen München 1860 (3:2).
31.7.–4.8.1931	4. Große Rheinische Sportwoche, Kölner Radsporttage aus Anlaß des 25jährigen Vereinsjubiläums des RC »Staubwolke« Köln 06.
30.8.1931	Leichtathletik-Länderkampf Deutschland gegen England.
15.4.1932	Turn- und Sportfest des jüdischen Sportvereins Hakoah Köln.
16.10.1932	SA-Sportfest mit ca. 2500 Teilnehmern.
1.4.1933	*Mit der Machtergreifung durch die Nationalsozialisten wird Juden der Zutritt zum Stadion offiziell verboten.*
24.6.1933	»Fest der Deutschen Jugend«, große Sonnwendfeier der NSDAP auf der Jahnwiese im Stadion unter Beteiligung von 100 000 Personen.
11.6.1933	Endspiel um die Deutsche Meisterschaft im Fußball Fortuna Düsseldorf gegen Schalke 04 (3:0).
12./13.8.1933	Deutsche Leichtathletik-Meisterschaften.
16.8.1933	Radrennen um den Großen Fliegerpreis für Deutschland im Stadion, Sieger wird Albert Richter aus Köln.
23.9.1933	»Fest der Deutschen Schulen«, 1000 Volksschüler führen Massenfreiübungen vor.
14./15.10.1933	»Tage der HJ«, Erste Großkundgebung der Obergebiete West der Hitler-Jugend mit sportlichen Veranstaltungen und Massenkundgebung.
23.6.1934	Fest der Deutschen Jugend.
14.7.1934	Fest der Deutschen Schulen.
17.7.1934	1. Internationales Leichtathletik-Sportfest des ASV Köln und des Rasensportverbandes Köln.
12.5.1935	Fußball-Länderspiel Deutschland gegen Spanien (1:2) mit der Besucherzahl von 73 000 (durch Errichtung von Sondertribünen).
29.5.1935	Kundgebung der DAF im Müngersdorfer Stadion unter dem Thema: Kampf gegen die Dunkelmänner. Staatsrat Professor Börger greift die Katholische Kirche wegen Landes- und Hochverrats an.
23.6.1935	Endspiel um die Deutsche Meisterschaft im Fußball Schalke 04 gegen VfB Stuttgart (6:4).
10.8.1936	2. »Nacholympisches« Internationales Leichtathletik-Sportfest des ASV Köln mit Jesse Owens.
4.9.1936	Hockeyspiel Indien gegen Westdeutschland bei der Rückkehr der indischen Nationalmannschaft von den Olympischen Spielen 1936.
5.9.1936	Tag der Kölner HJ, Ausscheidungskämpfe.
9.1.1937	Endspiel um den Deutschen Fußball-Pokal Schalke 04 gegen Fortuna Düsseldorf (2:1).
10.7.1937	Tennisländerkampf der Berufsspieler USA gegen Deutschland auf den Plätzen im Stadion (4:1).
6.2.1938	Fußball-Länderspiel Deutschland gegen die Schweiz (1:1).
20.8.1938	3. Internationales Leichtathletik-Sportfest des ASV Köln.
27./28.5.1939	Internationaler Klubkampf des ASV Köln gegen CAF Paris und BSC Berlin.

7.7.1939	Internationales Tennisturnier im Stadion.		10jährigen Bestehens mit Abordnungen von Wehrmacht, Schutzpolizei und HJ in Anwesenheit des Polizeipräsidenten Hoevel. Erlös der Veranstaltung soll dem WHW zugute kommen.
20.8.1939	Leichtathletik-Länderkampf Deutschland gegen England.		

7.7.1939   Internationales Tennisturnier im Stadion.
20.8.1939   Leichtathletik-Länderkampf Deutschland gegen England.

6.4.1941   Fußball-Länderspiel Deutschland gegen Ungarn (7:0).
22.6.1941   Leichtathletik-Meisterschaften der HJ Gebiet Köln-Aachen.
14.12.1941 Fußballspiel Gau Westfalen gegen Gau Köln-Aachen.

17.5.1942   Fußballspiel VfL Köln 99 gegen Westauswahl/Moselland in der Radrennbahn (8:2).
25.5.1942   Leichtathletikveranstaltung des NSRL Kreis Köln und der HJ.
7.6.1942   *Für die Kölner Vereine hat der stellvertretende Führer des Sportgaues Köln-Aachen Spiel- und Startverbot angeordnet.*
21.6.1942   Volkssporttag im Rahmen der »Kölner Kriegskampfspiele 1942«.
25.6.1942   Deutsche Kriegsmeisterschaften der Vereine in der Leichtathletik, Veranstalter: ASV Köln.
11./12.7.1942 Gebietssportfest der HJ Gebiet 11, Köln Aachen.
16.8.1942   3. Profirennen der Straßenfahrer Köln-Eupen-Malmedy-Köln mit Start und Ziel am Stadion.
5.9.1942   Abschluß der Leistungswoche der HJ mit sportlichen Veranstaltungen im Stadion.
6.9.1942   Jubiläumsrennen anläßlich des 50jährigen Bestehens des Kölner Windhund-Rennvereins auf der Westkampfbahn des Kölner Stadions.
10.9.1942   1. »Westdeutscher Jugendpreis« über 50 km im Straßenradrennen mit Start und Ziel im Stadion.
17.9.1942   Veranstaltungen aus Anlaß der ersten Reichsstraßensammlung des Winterhilfswerkes mit Leichtathletikveranstaltungen im Stadion.
1.10.1942   »Wehrkampftage« der SA im Kölner Stadion mit Beteiligung des NSKK und KdF-Betriebssportgemeinschaften.
24./25.10.1942 Veranstaltung des SA-Reitersturm 2/71 Köln und des Kölner Reit-, Jagd- und Fahrvereins.
4.10.1942   1. Leichtathletik-Vergleichskampf der beiden Nachbargaue Köln-Aachen und Moselland.

27.6.1943   Führerinnen-Dreikampf und Fünfkampf der BDM-Führerinnen des Bannes Hansestadt Köln vor der Westkampfbahn.
1.10.1943   »Reiterliche Veranstaltung« des SA-Reitsturms 2/71 anläßlich des 10jährigen Bestehens mit Abordnungen von Wehrmacht, Schutzpolizei und HJ in Anwesenheit des Polizeipräsidenten Hoevel. Erlös der Veranstaltung soll dem WHW zugute kommen.

21.5.1944   Steherrennen »Großer Eröffnungspreis« in der Müngersdorfer Radrennbahn.

11.3.1945   Parade des 7. Korps der US-Army im Stadion, u. a. nehmen zehn Kriegsberichterstatter teil.
12.10.1945 Die erste Veranstaltung nach dem Krieg führen die Radfahrer mit Flieger- und Steherrennen durch.

12.5.1946   Tag der Sportjugend aus Anlaß der Gründung des St. Patricks Jugend Club.
26.5.1946   Leichtathletik-12-Städtekampf des ASV Köln.
30.6.1946   Interzonenspiele Westdeutschland gegen Süddeutschland in Fußball und Handball mit 55 000 Zuschauern.
11.8.1946   Leichtathletik-Zonenmeisterschaften der britischen Zone.

5.4.1947   »Großsporttag«, Veranstaltung des Zweckverbandes für Leibesübungen mit Fußballspiel Stadtmannschaft Köln gegen eine britische Armeemannschaft. Der Oberbürgermeister aus Birmingham besucht das Stadion.
1.–3.8.1947 Interzonen-Tennisturnier des KTHC »Stadion« Rot-Weiß mit Gottfried von Cramm
9./10.8.1947 50. Deutsche Leichtathletik-Meisterschaften.
10.8.1947   Steherrennen »Großer Preis von Deutschland« auf der Müngersdorfer Radrennbahn.
21.9.1947   Berufsboxen im Stadion.
28.9.1947   Fußball-Städtespiel Köln gegen Berlin.
31.8.1947   Steherrennen und Fliegermeisterschaften der Amateure auf der Müngersdorfer Radrennbahn.
29.11.1947 Festakt anläßlich des Beginns des Studienbetriebs der Deutschen Sporthochschule Köln.

4.4.1948   Fußballspiel Westdeutschland gegen Norddeutschland (3:0).
22.4.1948   »Armbrust-Tag« der deutschen Schützenbruderschaften auf der Jahnwiese.

1./2.5.1948	Reitturnier der englischen Besatzungsarmee.
27.5.1948	»Sportfest der Prominenten« von Bühne, Funk, Presse unter dem Motto »Sport für unsere Kriegsgefangenen« in der Müngersdorfer Radrennbahn.
10.–14.6.1948	Reitturnier des Reit- und Fahrvereins.
26./27.6.1948	Historisches Fest der belgischen Besatzungsarmee im Stadion.
3./4.7.1948	Bezirksmeisterschaften im Schwimmen.
3.–11.7.1948	Stadion-Festwoche zum 25jährigen Bestehen des Stadions.
1.8.1948	*Die britische Besatzung übergibt das Stadion in die Verwaltung der Stadt Köln. Die Belgische Armee beschlagnahmt bei ihrer Stationierung in Köln die Westkampfbahn, einige Tennis- und Sportplätze. Das »Belgische Militär-Sportzentrum« steht auch nach Ende der Beschlagnahmung nicht der Öffentlichkeit zur Verfügung.*
8.8.1948	Endspiel um die Deutsche Meisterschaft im Fußball 1. FC Nürnberg gegen 1. FC Kaiserslautern (2:1).
15.8.1948	Kundgebung zum 700jährigen Dom-Jubiläum im Müngersdorfer Stadion mit 100 000 Besuchern.
10.9.1948	Alliiertes Reitturnier im Stadion in Anwesenheit von General Bishop sowie Prinzgemahl Bernhard von Holland.
25./26.5.1949	Vorführungen schwedischer Sportstudenten, Fußballspiel Sporthochschule gegen 1. FC Kaiserslautern.
10.–12.6.1949	22. Internationales Reit-, Spring- und Fahrturnier.
16./17.6.1949	Westdeutsche Leichtathletik-Meisterschaften.
10.–17.7.1949	Kölner Sportwoche.
29.–31.7.1949	Internationales Tennisturnier des KTHC »Stadion« Rot-Weiß.
26.–28.8.1949	Deutsche Turn- und Spielmeisterschaften, bei diesem »kleinen« Turnfest werden 2000 Teilnehmer und ca. 4000 Besucher erwartet.
5.9.1949	Peter Müller besiegt vor 25 000 Zuschauern seinen späteren Trainer und Ex-Boxeuropameister Jupp Besselmann.
11.9.1949	Jahnbergfest im Stadion.
4.5.1950	Fußball-Länderspiel Deutschland gegen Irland (3:0).
14.5.1950	Fußball-Vergleichskampf Westdeutschland gegen Norddeutschland.
9.–11.6.1950	23. Internationales Reit-, Spring- und Fahrturnier.
16.7.1950	Sportfest der Prominenten.
19.–30.7.1950	Kölner Sportwoche.
21.–23.7.1950	Allgemeiner Deutscher Sportkongreß mit Schlußkundgebung und Vorführungen im Stadion.
3.–6.8.1950	Internationales Tennisturnier des KTHC »Stadion« Rot-Weiß.
28.9.–1.10.1950	Internationales Reit- und Springturnier der Belgischen Besatzungsarmee.
16.5.1951	Schwedische Handballmannschaft in Köln.
15.–17.6.1951	Davis-Cup Tennisturnier Belgien gegen Deutschland auf der Anlage des KTHC »Stadion« Rot-Weiß.
16.–17.6.1951	Vaterstädtische Festspiele.
16.–17.6.1951	24. Internationales Reit-, Spring- und Fahrturnier.
26.–29.7.1951	Internationales Tennisturnier des KTHC »Stadion« Rot-Weiß.
4.5.1952	Fußball-Länderspiel Irland gegen Deutschland (3:0) vor 74 000 Zuschauern. Erstmals wird das Deutschlandlied gespielt.
24.5.1952	Rad-Länderkampf der Olympiamannschaften Deutschland gegen England.
14./15.6.1952	Westdeutsche Leichtathletik-Meisterschaften, Ausrichter: Kölner Turnerschaft von 1843.
20.–22.6.1952	25. Internationales Reit-, Spring und Fahrturnier (Jubiläumsveranstaltung).
27.–29.7.1952	Vaterstädtische Festspiele.
5./6.7.1952	Landes-Meisterschaften der Polizei.
6.7.1952	Wasserball-Länderkampf Australien gegen Deutschland im Stadionbad.
8.–10.7.1952	Rheinische Bannerwettkämpfe der Höheren Schulen.
13.7.1952	Faustball-Turnier des Turnkreis Köln.
24.–27.7.1952	Internationales Tennisturnier des KTHC »Stadion« Rot-Weiß.
6.8.1952	Das 5. Internationale Leichtathletik-Sportfest des ASV Köln findet unter dem Motto »Olympiasieger in Köln« statt.
22.–25.8.1952	Deutsches Gehörlosen-Sportfest im Stadion.
15.10.1952	Feier zum Gedenken an den 100. Todestag von Friedrich Ludwig Jahn am Jahndenkmal.

22.3.1953	Fußball-Länderspiel Österreich gegen Deutschland in Anwesenheit von Bundespräsident Theodor Heuss und Bundeskanzler Konrad Adenauer vor 76 000 Besuchern (0:0).
27./28.6.1953	Vaterstädtische Festspiele verbunden mit den Feierlichkeiten aus Anlaß des 30jährigen Bestehens des Kölner Stadions.
12.7.1953	»Tag des Polizei- und Schutzbundes« in der Radrennbahn.
22.–23.7.1953	Internationales Tennisturnier des KTHC »Stadion« Rot-Weiß.
24.–25.7.1953	Schlesisches Turn- und Sportfest.
29.7.1953	6. Internationales Leichtathletik-Sportfest des ASV Köln.
13.–16.8.1953	Internationale Tennis-Jugendmeisterschaften.
16.8.1953	Deutsche Bahnmeisterschaften der Amateurfahrer.
30.8.1953	Rheinische Turn- und Spielmeisterschaften.
13.9.1953	Jugendländerspiel Köln gegen Tilburg im Kölner Stadion.
20.9.1953	Rad-Länderkampf Dänemark gegen Deutschland.
19.4.1954	Endspiel des FIFA-Jugendturniers in der Hauptkampfbahn.
27.–30.5.1954	Internationales Reit-, Spring- und Fahrturnier.
30.5.1954	7. Internationales Leichtathletik-Sportfest des ASV Köln.
17.6.1954	Feierliche Einweihung der neuen Reithalle des Kölner Reitsportvereins Stadion e.V. durch Kaplan Paul Adenauer.
19./20.6.1954	Vaterstädtische Festspiele.
25.–27.6.1954	2. Bundesturnfest »Eichenkreuz« des CVJM.
30.6.1954	Sporttreffen der Berufsfeuerwehren von NRW im Stadion.
17./18.7.1954	Westdeutsche Leichtathletik-Mehrkampfmeisterschaften, Ausrichter: ASV Köln.
22.–25.7.1954	Internationales Tennisturnier des KTHC »Stadion« Rot-Weiß.
25.7.1954	Bundesjugendspiele.
12.–15.8.1954	Deutsche Jugendmeisterschaften im Tennis auf der Anlage des KTHC »Stadion« Rot-Weiß.
22.–29.8.1954	Radweltmeisterschaften der Flieger auf der Müngersdorfer Radrennbahn. Weitere Schauplätze der Weltmeisterschaft sind das Stadion Wuppertal-Elberfeld für die Steher und Solingen für die Straßenfahrer.
15.12.1954	Eröffnung der neuen Tennishalle auf der Anlage des KTHC »Stadion« Rot-Weiß.
1.–6.2.1955	25. Internationale Hallen-Tennismeisterschaften von Deutschland.
25./26.6.1955	Vaterstädtische Festspiele.
17.7.1955	Sportfest der Prominenten.
11.–14.8.1955	Deutsche Jugend-Tennismeisterschaften.
21.-24.7.1955	Internationales Tennisturnier des KTHC »Stadion« Rot-Weiß.
23./24.7.1955	Bundesjugendspiele.
6.8.1955	Rad-Länderkampf Deutschland gegen Dänemark.
21./22.8.1955	Vertreter des ägyptischen olympischen Komitees und der ägyptischen Regierung sowie einer Delegation aus Japan besuchen das Stadion.
4.9.1955	8. Internationales Leichtathletik-Sportfest des ASV Köln.
31.1.–5.2.1956	26. Internationale Hallen-Tennismeisterschaften von Deutschland.
15.4.1956	Hockey-Länderspiel Deutschland gegen Belgien in der Radrennbahn (5:4).
10.–13.5.1956	Internationales Reit-, Spring- und Fahrturnier.
23./24.6.1956	Vaterstädtische Festspiele.
8.7.1956	Kölner Polizei-Sportschau.
19.–22.7.1956	Internationales Tennisturnier des KTHC »Stadion« Rot-Weiß.
28./29.7.1956	Deutsche Amateur-Bahnmeisterschaften auf der Radrennbahn.
8.8.1956	Der 1. FC Köln gewinnt gegen eine DFB-Auswahl mit 3:2 Toren vor 47 838 Zuschauern.
1.9.1956	Sportveranstaltung im Rahmen des 77. Katholikentages der Deutschen Jugendkraft in der Hauptkampfbahn.
2.9.1956	Schlußkundgebung des 77. Deutschen Katholikentages auf dem Nordfeld des Stadions mit 800 000 Teilnehmern.
13./14.10.1956	Leichtathletik-Länderkampf Deutschland gegen Schweden.
23.12.1956	Fußball-Länderspiel Deutschland gegen Belgien vor 62115 Zuschauern (4:1).
29.1.–3.2.1957	Internationale Tennis-Hallenmeisterschaften von Deutschland.
28.4.1957	Rad-Länderkampf Deutschland gegen Holland.
1./2.6.1957	Internationales Reit-, Spring- und Fahrturnier.
2.5.1957	Kölner Groß-Staffeltag.
9.6.1957	Gruppenspiel um die Deutsche Meisterschaft des DFB Hamburger SV gegen 1. FC Nürnberg vor 41 000 Zuschauern (2:1).
17.6.1957	Internationales Fußballturnier der Deutschen Jugendkraft mit 6 Ländermannschaften.

23.–30.6.1957	Vaterstädtische Festspiele.	10.5.1959	Steher-Eröffnungsrennen auf der Müngersdorfer Radrennbahn mit dem Länderkampf Deutschland gegen Belgien.
27.6.1957	Sportfest der Berufsfeuerwehr NRW mit 700 Teilnehmern aus 12 Städten.	6./7.6.1959	32. Internationales Reit-, Spring- und Fahrturnier mit Hans-Günther Winkler.
29.6.1957	Deutsche Flieger- und Verfolgungsmeisterschaften der Berufsradfahrer.	13./14.6.1959	Vaterstädtische Festspiele.
5.–7.7.1957	Deutsche Hochschulmeisterschaften der Leichtathletik.	1.7.1959	13. Internationales Leichtathletik-Sportfest des ASV Köln.
14.7.1957	Polizei-Sportschau in der Hauptkampfbahn mit 32 000 Zuschauern.	20.–23.8.1959	Internationales Tennisturnier des KTHC »Stadion« Rot-Weiß.
31.7.1957	9. Internationales Leichtathletik-Sportfest des ASV (28 000 Zuschauer) mit zwei neuen Europarekorden durch Manfred Germar und Martin Lauer.	19./20.9.1959	Leichtathletik-Länderkampf Deutschland gegen Polen.
		21.10.1959	Fußball-Länderspiel Deutschland gegen Holland (7:0).
3./4.8.1957	Deutsche Hochschulmeisterschaften der Leichtathleten.	19.–24.1.1960	30. Internationale Tennis-Hallenmeisterschaften von Deutschland.
13.8.1957	*Die neue Flutlichtanlage in der Hauptkampfbahn wird vom Beigeordneten Dr. Franz Vonessen dem Betrieb übergeben.*	1.4.1960	*Vereinbarung über Gebietsveränderung mit der Gemeinde Lövenich. Das gesamte Stadiongelände ist nun stadtkölnisches Gebiet.*
15.–18.8.1957	Deutsche Tennis-Jugendmeisterschaften auf der Anlage des KTHC »Stadion« Rot-Weiß mit 120 Teilnehmern.	29.4.1960	10. Kölner Stadion-Faustballturnier des TSK Germania.
2.10.1957	Das 10. Internationale Leichtathletik-Abendsportfest des ASV Köln ist zugleich die erste Flutlichtveranstaltung.	7.5.1960	*Grundsteinlegung für den Neubau der Deutschen Sporthochschule Köln.*
		15.6.1960	14. Internationales Leichtathletik-Sportfest des ASV Köln.
15.–18.5.1958	Internationales Reit-, Spring- und Fahrturnier.	7.–10.7.1960	Internationales Tennisturnier des KTHC »Stadion« Rot-Weiß.
16.–18.5.1958	Davis-Cup Tennis-Turnier Deutschland gegen Belgien.	11.–14.8.1960	Deutsche Jugendmeisterschaften im Tennis.
14./15.6.1958	Vaterstädtische Festspiele.	27.–28.8.1960	Deutsche Meisterschaften im Bogenschießen.
9.7.1958	11. Internationales Leichtathletik-Sportfest des ASV Köln.	16.9.1960	15. Internationales Leichtathletik-Sportfest des ASV Köln. Olympiasieger Armin Hary gewinnt den 100 m-Lauf in 10,3 Sekunden im ausverkauften Stadion.
8.–10.8.1958	Deutsche Meisterschaften der Berufsradfahrer – Sprint und Verfolgung in der Müngersdorfer Radrennbahn, Straßenfahren mit Start und Ziel am Stadion.		
29.8.1958	Die deutsche Nationalstaffel über 4 x 100 m mit Steinbach, Lauer, Fütterer und Germar läuft beim 12. Internationalen Sportfest des ASV Köln Weltrekord.	24.–29.1.1961	31. Internationale Tennis-Hallenmeisterschaften von Deutschland.
		16.–18.6.1961	34. Internationales Reit-, Spring- und Fahrturnier.
		12.7.1961	16. Internationales Leichtathletik-Sportfest des ASV Köln.
14.10.1958	Fußball-Städtespiel um den Messe-Cup Köln gegen Birmingham.	19.7.1961	60jähriges Vereinsjubiläum des 1. FC Köln mit Freundschaftsspiel gegen CDNA Sofia.
19.10.1958	Johannes-Sampels-Erinnerungslauf mit Start in der Stadion-Reitbahn.	20.–23.7.1961	Internationales Tennisturnier des KTHC »Stadion« Rot-Weiß.
2.11.1958	Rugby-Länderkampf Deutschland gegen Frankreich.	18.–20.8.1961	Deutsche Jugendmeisterschaften im Tennis.
7.–9.11.1958	Tennis-Länderkampf Deutschland gegen Dänemark.	9.9.1961	17. Internationales Leichtathletik-Sportfest des ASV-Köln.
25.3.1959	Polizei-Landesmeisterschaften mit Wald- und Geländelauf.		
2.5.1959	Beginn der Freizeitaktion des Sportamtes »Sport für Jedermann« auf den Plätzen rund ums Stadion.	24.6.1962	Vorführung eines internationalen Korbballspiels zwischen den Nationalmannschaften von Belgien und Holland in der Ostkampfbahn.

30.6.1962	Polizei-Sportschau.
5.7.1962	Zum 5. Mal seit 1957 richtet der Kölner Club für Bogensport sein Turnier um den »Silbernen Becher von Köln« in der Müngersdorfer Radrennbahn aus.
18.–22.7.1962	Internationales Tennisturnier des KTHC »Stadion« Rot-Weiß.
13.–16.9.1962	Deutsche Meisterschaften im Dressur- und Springreiten.
28.1.–3.2.1963	Internationale Tennis-Hallenmeisterschaften von Deutschland.
25.6.1963	*Einweihung des Neubaus der Deutschen Sporthochschule.*
16.7.1963	18. Internationales Leichtathletik-Sportfest des ASV Köln.
8.9.1963	II. Internationaler Spielmanns-, Fanfarenzug- und Drumband-Wettbewerb.
18.4.1964	Hockey-Länderspiel Belgien gegen Deutschland.
18.4.1964	Der 1. FC Köln schlägt im Stadion Müngersdorf Borussia Dortmund 5:2 und wird Deutscher Fußballmeister.
25./26.4.1964	Tennis-Länderkampf Deutschland gegen Schweden.
6.6.1964	Endspiel um den DFB-Länderpokal Mittelrhein gegen Südbaden.
27.–29.6.1964	37. Internationales Reit-, Spring und Fahrturnier.
8.7.1964	19. Internationales Leichtathletik-Sportfest des ASV Köln.
11.7.1964	Polizei-Sportschau.
13.–18.8.1964	Deutsche Jugendmeisterschaften im Tennis.
12./13.9.1964	Leichtathletik-Länderkampf Deutschland gegen Polen.
23.9.1964	Im Rückspiel um den Europapokal der Landesmeister schlägt der 1. FC Köln Partizan Tirana im Stadion vor 45000 Zuschauern mit 2:0 Toren.
10.2.1965	Europapokalspiel 1. FC Köln gegen FC Liverpool, nach unentschiedenem Ausgang des Hin- und Rückspiels am 24.3. muß das Los entscheiden. Der FC Liverpool zieht ins Halbfinale ein.
9.–14.2.1965	35. Internationale Tennis-Hallenmeisterschaften von Deutschland.
23.4.1965	Der Befehlshaber der Territorialen Verteidigung, Generalleutnant Friedrich Alfred Übelhack, übergibt im Beisein von Bundesverteidigungsminister Kai-Uwe von Hassel im Stadion 47 Truppenfahnen an die Verbände der Territorialen Verteidigung.
27.–30.5.1965	3. Internationaler Kolpingtag aus Anlaß des 100. Todestages von Adolf Kolping. Hauptkundgebung am 30. Mai im Stadion mit Ansprachen des Bundespräsidenten Dr. Heinrich Lübke und des österreichischen Bundeskanzlers Dr. Josef Klaus.
1.–5.6.1965	Länderkampf im Modernen Fünfkampf zwischen Deutschland und Frankreich.
22.6.1965	Start der 1. Etappe der Tour de France vom Müngersdorfer Stadion nach Lüttich. Zuvor haben die Radfahrer am Dom den Segen von Erzbischof Kardinal Josef Frings entgegengenommen.
25.–27.6.1965	38. Internationales Reit-, Spring- und Fahrturnier.
7.7.1965	20. Internationales Leichtathletik Sportfest des ASV Köln.
28.7.–1.8.1965	12. Evangelischer Kirchentag mit dem Motto »In der Freiheit bestehen« (20 000 Besucher).
1.9.1965	Die deutsche Fußballnationalmannschaft schlägt in einem Freundschaftsspiel die B-Nationalelf der Sowjetunion mit 3:0 Toren.
30.4.–1.5.1966	Länderkampf der Junioren im Modernen Fünfkampf zwischen BRD, Frankreich und Holland.
10.–12.6.1966	39. Internationales Reit-, Spring- und Fahrturnier.
16.7.1966	Musik- und Sportschau der Kölner Polizei.
17.7.1966	Turnier der türkischen Ölringer in der Stadion-Radrennbahn.
17.7.1966	Fußballstädtespiel der Amateure Köln gegen Tunis im Rahmen der Freundschaftswoche der Städte Tunis und Köln.
25.8.1966	Weltmeisterschaft im 100 km-Mannschaftsfahren der Amateure mit Start und Ziel im Stadion.
2.9.1966	Internationaler Berufsbox-Kampftag in der Hauptkampfbahn. Jupp Elze verteidigt seinen Titel als Deutscher Meister im Mittelgewicht durch einen k.o.-Sieg in der 2. Runde gegen seinen Lokalrivalen Peter Müller.
7.9.1966	21. Internationales Leichtathletik-Sportfest des ASV Köln mit Europarekorden über 880 yards durch Franz-Josef Kemper und über 5000 m durch Harald Norpoth.
23.10.1966	Rugby-Städtekampf Köln gegen Lüttich.
13.11.1966	Endspiel um die Deutsche Hockey-Meisterschaft zwischen dem Gladbacher THC und dem KTHC »Stadion« Rot-Weiß.
19.11.1966	Fußball-Länderspiel Deutschland gegen Norwegen (3:0).

23.–28.1.1967	37. Internationale Tennis-Hallenmeisterschaften von Deutschland.
25.–27.3.1967	Osterturnier von Fußball-Juniorenmannschaften Kölner Partnerstädte.
23.–25.6.1967	40. Internationales Reit-, Spring- und Fahrturnier.
28.6.1967	22. Internationales Leichtathletik-Sportfest des ASV Köln.
24.9.1967	6. Nationales Leichtathletik-Sportfest der Junioren.
4./5.11.1967	Hallen-Tenniskampf um den König Gustav-Pokal BRD gegen Großbritannien.
1.3.1968	*Das Sport- und Bäderamt hat seine Diensträume in das Stadion verlegt. Lediglich die Bäderabteilung ist noch im Agrippabad untergebracht.*
30.5.1968	*Der Rat erteilt Architekt Schulten den Auftrag auf Basis seines Entwurfes und dem von der Stadtverwaltung erarbeiteten Raumprogramm für den Umbau der Hauptkampfbahn. Am 24.10.1968 erhält Schulten den Auftrag zu endgültigen Planung.*
7.–9.6.1968	41. Internationales Reit-, Spring- und Fahrturnier.
10.7.1968	23. Internationales Leichtathletik-Sportfest des ASV Köln.
24.8.1968	Internationales Leichtathletik-Sportfest aus Anlaß des 125jährigen Bestehens der Kölner Turnerschaft von 1843.
2.10.1968	Rückspiel der ersten Runde um den Europapokal der Pokalsieger 1. FC Köln gegen Girondins Bordeaux (3:0).
24.10.1968	*Der Rat beschließt den Neubau des Müngersdorfer Stadions.*
27.11.1968	Im Rückspiel um den Europapokal schlägt der 1. FC Köln ADO Den Haag mit 3:0 Toren und erreicht das Viertelfinale.
13.1.1969	Das Sport- und Bäderamt beginnt in verschiedenen Stadtteilen und im Stadion mit »Sportkursen für jedermann«.
20.–26.1.1969	Internationale Tennis-Hallenmeisterschaften von Deutschland.
5.3.1969	Viertelfinal-Hinspiel im Europapokal der Pokalsieger 1. FC Köln schlägt Freja Randers (Dänemark) mit 2:1, auch im Rückspiel siegt der 1. FC Köln und erreicht das Halbfinale.
2.4.1969	Halbfinal-Hinspiel im Europapokal der Pokalsieger 1. FC Köln gegen FC Barcelona (2:2).
5.4.1969	Rugby-Länderspiel Frankreich gegen Deutschland im Stadion.
9.–11.5.1969	Davis-Cup Tennisturnier Deutschland gegen Neuseeland.
13.–15.6.1969	42. Internationales Reit-, Spring- und Fahrturnier.
5.7.1969	18. Sport- und Musikschau der Kölner Polizei.
8.7.1969	24. Internationales Leichtathletik-Sportfest des ASV Köln.
13.–14.9.1969	Internationaler Fanfaren-Wettstreit um den Europapokal.
5.–7.12.1969	Internationales Hallentennisturnier um den König Gustav-Pokal.
20.2.1970	*Der Hauptausschuß beschließt den Neubau des Stadions für die Fußball-Weltmeisterschaft 1974.*
14.–15.3.1970	Internationales Miniaturgolfturnier um den Ehrenpreis der Stadt Köln.
22.–24.5.1970	43. Internationales Reit-, Spring- und Fahrturnier im neu erbauten Reitstadion an der Aachener Straße.
11.8.1970	25. Internationales Leichtathletik-Sportfest des ASV Köln.
17.10.1970	Fußball-Länderspiel Deutschland gegen Türkei (1:1).
20.–22.11.1970	Hallentennis-Länderkampf um den König Gustav-Pokal Deutschland gegen Polen.
9.12.1970	Messepokal-Fußballspiel 1. FC Köln gegen Spartak Trnava.
15.4.1971	*Beschluß des Rates der Stadt Köln zur Erneuerung der Hauptkampfbahn.*
4.–6.6.1971	44. Internationales Reit-, Spring- und Fahrturnier.
29.6.1971	26. Internationales Leichtathletik-Sportfest des ASV Köln als letzte sportliche Veranstaltung in der alten Hauptkampfbahn.
30.6.1971	Schließung der Hauptkampfbahn.
4.–18.7.1971	XV. Internationale Sommerakademie des Tanzes mit Wettbewerb junger Choreographen.
14.8.1971	Die Radrennbahn wird für Bundesliga-Fußballspiele hergerichtet. Seit dem 14.8. werden die Heimspiele des 1. FC Köln dort ausgetragen. Daneben wird die Anlage auch für die Regionalligaspiele des SC Fortuna Köln genutzt.
9.11.1971	*Aufhebung des Ratsbeschlusses zum Stadionneubau und Rücknahme der Bewerbung für die Fußball-WM 1974.*
10.5.1972	Das neue Sportzentrum des ASV Köln in Müngersdorf wird eingeweiht.
26.–28.5.1972	45. Internationales Reit-, Spring- und Fahrturnier.
10./11.6.1972	1. Kinder- und Jugend-Olympiade unter der Schirmherrschaft des Regierungspräsidenten Dr. Günther Heidecke.

2.–16.7.1972	XVI. Internationale Sommerakademie des Tanzes mit Wettbewerb für junge Choreographen.
14.12.1972	*Der Rat beauftragt die Verwaltung, auf der Grundlage des von ihr erarbeiteten Raumprogramms einen Firmenwettbewerb für ein Stadion mit einem Fassungsvermögen von 60 000 Zuschauern durchzuführen.*
19.5.1973	Die erste Etappe des Giro d'Italia von Verviers nach Köln endet im Stadion Müngersdorf mit dem Sieg des Belgiers Eddy Merckx.
7.6.1973	*Acht Firmen werden aufgefordert, einen Entwurf für den Neubau des Stadions zu einem Festpreis anzubieten.*
15.–17.6.1973	46. Internationales Reit-, Spring- und Fahrturnier.
24.6.–8.7.1973	XVII. Internationale Sommerakademie des Tanzes mit Wettbewerb junger Choreographen.
2.–5.8.1973	25. Deutsche Jugendmeisterschaften im Tennis.
3.8.1973	Fußball-Freundschaftsspiel SC Fortuna Köln gegen Dukla Prag.
18.8.1973	2. Internationales Alterssportfest des ASV Köln auf der eigenen Anlage.
19.11.1973	*Auf Vorschlag des Bewertungsgremiums beschließt der Rat, die Firma Dyckerhoff & Widmann mit dem Bau der Hauptkampfbahn zu beauftragen.*
7.12.1973	Grundsteinlegung zum neuen Stadion in Müngersdorf durch Oberbürgermeister Theo Burauen und Oberstadtdirektor Prof. Dr. Heinz Mohnen.
7.–9.6.1974	47. Internationales Reit-, Spring- und Fahrtunier.
14.–28.7.1974	XVIII. Internationale Sommerakademie des Tanzes.
1.–4.8.1974	26. Deutsche Jugendmeisterschaften im Tennis.
17.8.1974	16. Minigolf-Europameisterschaften in Müngersdorf.
5.11.1974	Im Fußballspiel um den UEFA-Cup schlägt der 1. FC Köln Dynamo Bukarest mit 3:2 Toren.
22.4.1975	Richtfest der neuen Hauptkampfbahn im Stadion.
23.–25.5.1975	48. Internationales Reit-, Spring- und Fahrturnier.
1.–3.8.1975	Deutsche Jugendmeisterschaften im Tennis.
15.10.1975	*Die Stadt Köln übernimmt die neu erbaute Hauptkampfbahn im Stadion.*
5.11.1975	UEFA-Pokalspiel 1. FC Köln gegen Spartak Moskau.
12.11.1975	Nach einer Bauzeit von 22 Monaten wird die neue Hauptkampfbahn im Rahmen einer Eröffnungsfeier ihrer Zweckbestimmung übergeben.
27.2.1976	Fußball-Freundschaftsspiel 1. FC Köln gegen Dynamo Kiew (3:3).
21.5.1976	27. Internationales Leichtathletik-Sportfest des ASV Köln.
11.–13.6.1976	49. Internationales Reit-, Spring- und Fahrturnier.
26.–27.6.1976	Leichtathletik-Landesmeisterschaften im Stadion.
2.–4.7.1976	2. Kinder- und Jugend-Olympiade.
12.7.1976	*Der Rat der Stadt Köln hat sich in seiner Sitzung vom 12.7. mit der Weiterverfolgung der Planung einer Neuanlage des Freibades Stadion einverstanden erklärt.*
4.–19.7.1976	XX. Internationale Sommerakademie des Tanzes.
1.9.1976	28. Internationales Leichtathletik-Sportfest des ASV Köln.
15.9.1976	UEFA-Pokalspiel 1. FC Köln gegen Tychy (Polen) endet mit 2:0 Toren.
7.12.1976	Im UEFA-Cup Rückspiel schlägt der 1. FC Köln die Queens Park Rangers London mit 4:1 Toren, scheidet aber aus, da er den Torrückstand aus dem Hinspiel nicht ausgleichen kann.
16.2.1977	Der 1. FC Köln gewinnt das Fußballspiel um den DFB-Pokal gegen den 1. FC Nürnberg mit 4:2 Toren und erreicht das Halbfinale.
7.4.1977	Der 1. FC Köln schlägt Rot-Weiß Essen im Halbfinalspiel (4:0) um den DFB-Pokal und erreicht das Endspiel.
27.4.1977	Das Fußball-Länderspiel Deutschland gegen Nordirland endet 5:0.
17.5.1977	Fußball-Abschiedsspiel für den Kölner Nationalspieler Wolfgang Overath, 1. FC Köln gegen die Weltmeistermannschaft von 1974. Die WM-Elf siegt 4:1.
22.6.1977	29. Internationales Leichtathletik-Sportfest des ASV Köln.
26.6.–10.7.1977	XXI. Internationale Sommerakademie des Tanzes mit Choreographischem Wettbewerb und Woche des Modernen Tanzes.
26.7.1977	Zu Beginn der Fußballsaison schlägt der 1. FC Köln in einem Freundschaftsspiel im Stadion Feyenoord Rotterdam mit 6:0 Toren.
22.11.1977	*Ratsbeschluß über die 14. ordnungsbehördliche Verordnung zur Änderung der Straßenordnung für den Bereich des Stadions.*

Durch diese Verordnung, die nach dem Beispiel anderer Bundesligastädte erarbeitet wurde, besteht jetzt die Möglichkeit, Ausschreitungen bei Veranstaltungen in Stadien wirkungsvoller unterbinden zu können.

22.6.1978	30. Internationales Leichtathletik-Sportfest des ASV Köln.
25.6.–9.7.1978	XXII. Internationale Sommerakademie des Tanzes mit Choreographischer Werkstatt und Woche des Modernen Tanzes.
11.–13.8.1978	78. Deutsche Leichtathletik-Meisterschaften.
1.9.1978	Summertime-Open-Air-Konzert im Müngersdorfer Radstadion mit Genesis, Joan Baez u. a.
13.9.1978	Der 1. FC Köln gewinnt das Europapokalspiel gegen IF Akranes (Island) mit 4:1 Toren.
6.3.1979	Im Viertelfinalspiel um den Europapokal der Landesmeister besiegt der 1. FC Köln die Glasgow Rangers mit 1:0 Toren.
25.4.1979	Im Halbfinalrückspiel um den Europapokal der Landesmeister unterliegt der 1. FC Köln im Stadion Müngersdorf Nottingham Forest mit 0:1 Toren und erreicht damit das Endspiel (Hinspiel 3:3).
10.6.1979	Internationales Reit-, Spring- und Fahrturnier.
24.6.–8.7.1979	XXIII. Internationale Sommerakademie des Tanzes mit Choreographischem Wettbewerb des Modernen Tanzes.
19.8.1979	31. Internationales Leichtathletik-Sportfest des ASV Köln.
17.10.1979	Rückspiel um die Qualifikation zur Endrunde für die Europameisterschaft 1980 zwischen Deutschland und Wales. In diesem vor rund 56000 Zuschauern und zahlreichen Ehrengästen (unter ihnen der ehemalige Außenminister der USA, Henry Kissinger, sowie mehrere Landes- und Bundesminister) ausgetragenen Spiel siegte die deutsche Mannschaft mit 5:1 Toren.
25.–27.4.1980	Hockey-Vier-Nationen-Turnier.
16.–18.5.1980	3. Kölner Kinder- und Jugend-Olympiade.
22.6.–6.7.1980	XXIV. Internationale Sommerakademie des Tanzes.
5.–6.8.1980	Internationales Fußballturnier um den Mitsubishi-Cup mit den Mannschaften Ajax Amsterdam, Standard Lüttich, Hamburger SV und 1. FC Köln.
10.8.1980	32. Internationales Leichtathletik-Sportfest des ASV Köln.
22.–24.8.1980	Nach dreijähriger Pause findet das 50. Internationale Reit-, Spring- und Fahrturnier anläßlich des 100jährigen Jubiläums des Kölner Reit- und Fahrvereins statt.
1.10.1980	UEFA-Pokalspiel 1. FC Köln gegen IA Akranes.
22.10.1980	UEFA-Pokalspiel 1. FC Köln gegen FC Barcelona.
10.12.1980	UEFA-Pokalspiel 1. FC Köln gegen VfB Stuttgart.
18.3.1981	Im Viertelfinalrückspiel um den UEFA-Pokal im Stadion schlägt der 1. FC Köln die Mannschaft von Standard Lüttich mit 3:2 Toren und erreicht das Halbfinale.
22.4.1981	Im Halbfinalrückspiel um den UEFA-Cup unterliegt der 1. FC Köln der Mannschaft von Ipswich Town mit 0:1 Toren und verpaßt den Einzug ins Finale.
1.6.1981	Im Halbfinale um die erste Junioren-Europameisterschaft im Fußball schlägt die Mannschaft der BRD im Stadion Müngersdorf Frankreich nach Verlängerung und Elfmeterschießen mit 5:4.
5.–19.7.1981	XXV. Internationale Sommerakademie des Tanzes und 12. Choreographischer Wettbewerb.
23.7.–1.8.1981	14. Welt-Sommerspiele der Gehörlosen.
23.8.1981	33. Internationales Leichtathletik-Sportfest des ASV Köln.
14.4.1982	Fußball-Länderspiel Deutschland gegen CSSR (2:1).
4./5.7.1982	Zwei Konzerte der Rolling Stones.
4.–18.7.1982	XXVI. Internationale Sommerakademie des Tanzes.
22.8.1982	34. Internationales Leichtathletik-Sportfest des ASV Köln.
11.6.1983	DFB-Pokal-Endspiel SC Fortuna Köln gegen den 1. FC Köln (0:1).
17.6.1983	Konzert der Popgruppe Supertramp.
3.–17.7.1983	XXVII. Internationale Sommerakademie des Tanzes.
28.8.1983	35. Internationales Leichtathletik-Sportfest des ASV Köln.
16.6.1984	Joan Baez, Bob Dylan und Santana geben ein gemeinsames Konzert.
1.–15.7.1984	XXVIII. Internationale Sommerakademie des Tanzes.
26.8.1984	36. Internationales Leichtathletik-Sportfest des ASV Köln.
17.10.1984	Fußball-Länderspiel Deutschland gegen Schweden (2:0).

20.3.1985	Beim UEFA-Pokalspiel im Müngersdorfer Stadion scheidet der 1. FC Köln gegen Inter Mailand mit 1:3 Toren aus dem Viertelfinale aus.
30.6.–14.7.1985	XXIX. Internationale Sommerakademie des Tanzes mit 16. Choreographischem Wettbewerb.
25.8.1985	Das 37. Internationale ASV-Sportfest ist erstmals eine Grand Prix-Veranstaltung. Trotz der 40000 Besucher ist es für die Organisatoren kein finanzieller Erfolg.
8.5.1986	Sperrung des Stadions durch die UEFA für das Spiel 1. FC Köln gegen Real Madrid.
13.–27.7.1986	XXX. Internationale Sommerakademie des Tanzes.
19.7.1986	Queen, Marillion, Gary Moore, Level 42 und Crafft geben ein gemeinsames Konzert.
17.8.1986	38. Internationales Leichtathletik-Sportfest des ASV Köln.
18.4.1987	Fußball-Länderspiel Deutschland gegen Italien.
1.5.1987	Papst Johannes Paul II besucht Köln und feiert mit 70 000 Gläubigen eine Messe im Stadion.
17.6.1987	Konzert mit U2.
5.–19.7.1987	XXXI. Internationale Sommerakademie des Tanzes im Müngersdorfer Stadion und der Sporthochschule.
16.8.1987	39. Internationales Leichtathletik-Sportfest des ASV Köln.
7.–12.9.1987	Frisbee-Europameisterschaft auf den Jahnwiesen.
2.3.1988	UEFA-Cup-Viertelfinal-Spiel zwischen TSV Bayer Leverkusen und FC Barcelona.
12.6.1988	Europameisterschaftsspiel Niederland gegen UdSSR.
17.6.1988	Europameisterschaftsspiel Italien gegen Dänemark.
3.7.1988	Erstes Konzert mit Michael Jackson im Stadion vor 70 000 Zuschauern.
10.–24.7.1988	XXXII. Internationale Sommerakademie des Tanzes.
21.8.1988	40. Internationales Leichtathletik-Sportfest des ASV Köln.
13.9.1988	6. Etappenankunft des Radrennens »Tour der Europäischen Gemeinschaft«.
15.3.1989	UEFA-Cup-Viertelfinale zwischen Galatasaray Istanbul und AS Monaco.
18.6.1989	Konzert mit Pink Floyd.
2.–16.7.1989	XXXIII. Internationale Sommerakademie des Tanzes.
20.8.1989	Beim 41. Internationalen Leichtathletik-Sportfest des ASV Köln stellt der Marokkaner Said Aouita über 3000 m einen neuen Weltrekord auf.
13.9.1989	Das UEFA-Cup Hinspiel der ersten Runde gewinnt der 1. FC Köln gegen Plastika Nitra/CSSR mit 4:1 Toren.
15.11.1989	Die deutsche Fußball-Nationalmannschaft gewinnt das Qualifikationsspiel für die WM in Italien gegen Wales mit 2:1 Toren.
18.4.1990	UEFA-Pokal Halbfinalspiel zwischen 1. FC Köln und Juventus Turin (0:0).
26.5.1990	Konzert mit Tina Turner.
30./31.5.1990	Zwei Konzerte der Rolling Stones.
6.8.1990	Eröffnung der neuen Radrennbahn. Die alte Radrennbahn war 1982 abgerissen worden.
19.8.1990	42. Internationales Leichtathletik-Sportfest des ASV Köln.
22.6.1991	Konzert mit ZZ Top.
14.7.1991	Konzert mit Simple Minds.
8.9.1991	43. Internationales Leichtathletik-Sportfest des ASV Köln.
14.4.1992	Abschiedsspiel für Toni Schuhmacher: Tonis Top-Team gegen die Deutsche Nationalelf.
30.5.1992	Beginn der Open-Air-Konzertreihe mit Guns N' Roses.
6.6.1992	Konzert mit Marius Müller-Westernhagen.
4.7.1992	Konzert mit Simply Red.
11.7.1992	Konzert mit Michael Jackson.
18.7.1992	Konzert mit Dire Straits.
27.7.1992	Konzert mit Genesis.
16.8.1992	44. Internationales Telekom-Sportfest des ASV Köln unter dem Motto »Weltklasse in Köln«.
12.–20.9.1992	Cologne Open, Internationales Tennisturnier des KTHC »Stadion« Rot-Weiß.

4.5.1993	Abschiedsspiel für Pierre Littbarski, 1. FC Köln gegen All-Star-Team.
12.6.1993	Open-Air-Konzert mit U2.
19.6.1993	Open-Air-Konzert mit Guns N' Roses.
1.8.1993	45. Internationales Leichtathletik-Sportfest des ASV Köln.
17.11.1993	Fußball-Länderspiel Deutschland gegen Brasilien.
19.6.1994	Internationales Bogenschießturnier des Kölner Klubs für Bogensport im Müngersdorfer Reitstadion.
2.7.1994	Open-Air-Konzert mit Brian Adams.
8.7.1994	Open-Air-Konzert mit ZZ Top.
21.8.1994	46. Internationales Leichtathletik-Sportfest des ASV Köln.
16.10.1994	1. Nationaler Halbmarathon »Rund um das Müngersdorfer Stadion«, Veranstalter: Polizei Sportverein Köln.
12.–18.12.1994	Robinson-Cup, ATP-Tennisturnier auf der Anlage des KTHC »Stadion« Rot-Weiß, u. a. mit Pat Cash und Patrick Kühnen.
4./5.6.1995	Internationales Reit-, Spring- und Fahrturnier.
20.6.1995	Konzert der Rolling Stones.
30.6./1.7.1995	Marius Müller-Westernhagen mit zwei Konzerten seiner »Affentour«.
24.–29.7.1995	1. Köln-Cup, Internationales Jugend-Fußballturnier mit 60 Mannschaften aus 16 Nationen. Veranstalter: Sportfreunde Quäker-Nachbarschaftsheim Köln.
18.8.1995	47. Internationales Leichtathletik-Sportfest des ASV Köln als Abendveranstaltung.
21.4.1996	Einweihung der Albert-Richter-Radrennbahn Köln-Müngersdorf mit einem bunten Rahmenprogramm.
26.4.1996	Fair-Play-Turnier der SPD.
29.5.–1.6.1996	Deutsche Bahnrad-Meisterschaften auf der Albert-Richter-Radrennbahn.
28.5.1996	Belgische Militärparade aus Anlaß der Verabschiedung der belgischen Streitkräfte.
2.6.1996	Versammlung der Zeugen Jehovas.
8.6.1996	Kulturfest der Aleviten Gemeinschaft.
21.–23.6.1996	Deutsche Leichtathletik-Meisterschaften.
28./29.6.1996	Zwei Konzerte mit Bon Jovi.
12.–14.7.1996	Versammlung der Zeugen Jehovas.
21.7.1996	Konzert mit Tina Turner.
16.8.1996	48. Internationaler Sparkassen-Cup/Leichtathletik-Sportfest des ASV Köln.
21.9.1996	Kurdisches Kulturfest.
25.9.1996	UEFA-Pokalspiel Borussia Mönchengladbach gegen Arsenal London.
15.10.1996	UEFA-Pokalspiel Borussia Mönchengladbach gegen AS Monaco.
12.3.1997	8000 streikende Bergleute der Saarbergwerke werden in der Ostkampfbahn und im Müngersdorfer Bad untergebracht. Die Demonstranten warten auf die Weiterführung der festgefahrenen Verhandlungen über den Erhalt ihrer Arbeitsplätze. Am 13.3. kommt die erlösende Nachricht, daß bis 2005 keine Kündigungen erfolgen werden.
21.6.1997	Alevitisches Kulturfest (60 000 Besucher).
4.7./11.7.1997	Versammlung der Zeugen Jehovas in der Hauptkampfbahn.
24.8.1997	49. Internationaler Sparkassen Cup/Leichtathletik-Sportfest des ASV Köln. Tim Lobinger springt neuen Deutschen Rekord im Stabhochsprung über 6 m.
6.9.1997	Kurdisches Kulturfest.
26.11.1997	Fußball-Länderspiel Deutschland gegen Moldavien (23480 Zuschauer).
22.4.1998	Fußball-Länderspiel Deutschland gegen Nigeria (2:1).
9.5.1998	Letztes Meisterschaftsspiel des 1. FC Köln in der 1. Bundesliga gegen Bayer 04 Leverkusen (2:2).
26.5.1998	Der Präsident des ASV Köln, Manfred Germar, teilt mit, daß das 50. Sportfest des ASV Köln wegen fehlender Finanzmittel ausfallen muß. Das ZDF hatte die Summe für die Übertragungsrechte im Fernsehen gekürzt.
29.5.–1.6.1998	Internationales Reit-, Spring- und Fahrturnier.
23.6.1998	Der Rat beschließt, das Müngersdorfer Stadion und die Albert-Richter-Radrennbahn in die bereits bestehende Kölner Sportstätten GmbH zu überführen.

STANDORT KÖLN

WIR FÖRDERN UND UNTERSTÜTZEN

http://www.sk-koeln.de

● Die „Wir engagieren uns für Köln"-Initiative, wenn es um Förderung von Kultur geht.

SK STADTSPARKASSE KÖLN

Die Rundschau.
So treffsicher wie ihre Leser.

MITTEN IM LEBEN.

Kölnische Rundschau · Bonner Rundschau ®

Rhein-Sieg Rundschau · Rhein-Ahr Rundschau · Oberbergische Volks-Zeitung · Bergische Landeszeitung

Live, pur, spontan...
...Dein Küppers
KÜPPERS KÖLSCH
KÜPPERS KÖLSCH

IMMER EINE NASENLÄNGE VORAUS.
● Der „Wir nehmen's sportlich"-Service. Mit vollem Einsatz für Sie aktiv. Fragen Sie uns einfach. Wir beraten Sie gerne.
Wenn's um Geld geht
Kreissparkasse Köln.
Kreissparkasse Köln
Internet http://www.ksk-koeln.de
T-Online *965000# oder *ksk-koeln#

Bildnachweis

In wenigen Fällen konnten die Urheber von Abbildungen nicht ermittelt werden. Ihre Rechte bleiben aber selbstverständlich gewahrt. Darüber hinaus wurden einige Reproduktionen aus Publikationen angefertigt, die ebenfalls hier mit aufgelistet werden. Gegebenenfalls bitten wir Fotografen, sich im Verlag zu melden.

Carl und Liselott Diem-Archiv, Köln: 111 (oben rechts)
Deutsches Sportmuseum, Köln: 7, 11 (2), 12, 37, 44, 45, 50, 57, 59 (unten), 62, 65 (rechts), 66, 67 (2), 70, 74, 92 (2), 109, 110, 111 (2), 112 (2), 113, 125, 127 (2), 128 (2), 129 (2), 130, 131 (2), 134 (2), 135 (oben), 136 (unten), 139, 140 (2), 141, 142, 143, 144, 145 (oben), 146, 148 (2), 156 (2), 157 (2), 160, 161 (2), 162 (rechts), 164, 165 (2), 167, 168, 170 (oben), 186 (oben)
Walter Dick: 138 (oben)
Fotowerkstatt Esser: 96, 97, 98, 99, 100, 102, 104, 105
Hamburger Aero-Lloyd GmbH: 103
Historisches Archiv der Stadt Köln: 26, 30, 33, 43, 69, 172, 183, 184, 186 (unten), 187, 188 (oben)
Lee Miller: 185
NS-Dokumentationszentrum der Stadt Köln: 56, 59 (oben), 60, 61, 125 (2)
Heinz Pfeil: 86
Privatbesitz: 149, 189 (unten)
Timm Rautert: 6, 150, 151, 152, 153, 154, 155
Sportamt der Stadt Köln: 3, 9, 38, 47, 78, 82, 85, 88, 89, 91, 115, 116, 117 (2), 122 (3), 132, 135 (unten), 136 (2, oben), 137, 138 (2, unten), 158, 159, 162 (links), 163, 166, 170 (unten), 171 (oben), 180 (unten), 191 (2), 192, 193
Stiftung Bundeskanzler Adenauer Haus, Rhöndorf: 14
Transparent - Fotoagentur: 188 (unten), 190
Hansherbert Wirtz: 147, 189 (oben)
Stefan Worring: 117 (unten)

Simon Bendix, 25 Jahre Vaterländische Festspiele, Köln 1924: 13, 18 (oben), 27 (2)
Heinz Bergmann, Die großen Clubs. 1. FC Köln, Freiburg/Schweiz 1978: 145 (unten)
Deutsche Turnzeitung, 1928: 54, 119
Festbuch der 4. Großen Rheinischen Sportwoche, Köln 1931: 16, 17
Festbuch der II. Deutschen Kampfspiele in Köln am Rhein 1926, Köln 1926: 32, 39, 46 (rechts)
Festzeitung, 14. Deutsches Turnfest Köln 1928, Köln 1927/1928: 31, 46 (links), 65 (links), 118, 120, 121
Gemeinde und Sport, 1956/1957: 72, 73
Kölner Sport-Kurier, 1948ff: 52, 79 (2), 169, 171 (unten)
Kölnische Zeitung, 1936: 179
Der Leichtathlet, 1933: 124
Offizieller Bericht der Olympischen Spiele 1936: 178, 180 (oben)
Max Ostrop, Deutschlands Kampfbahnen, Berlin 1928: 19, 20, 42
Die Sportstadt Köln und ihr Stadion, offizielle Bewerbungsschrift für die XI. Olympischen Spiele 1936, Köln 1930: 8, 29, 40, 41, 175, 176
Vaterstädtische Festspiele, Köln 1953: 25
Verkehrsamt der Stadt Köln, Die Sportstadt Köln, Köln 1959: 76
Heinz Wiegand, Entwicklung des Stadtgrüns in Deutschland zwischen 1890 und 1925 am Beispiel der Arbeiten Fritz Enckes, Berlin u. Hannover o.J.: 18 (unten)